ハーバード×MBA×医師

目標を次々に達成する人の

最強の勉強法

Takenori Inomata

猪俣武範

Discover

推薦の言葉

猪俣武範先生の著書を読んで、あと30年若ければ多くのことに挑戦できただろうなぁと感じるとともに、すぐさま、今できることをもっとしっかりやろうという思いに駆られました。すなわち、時間と可能性のある若者には未来に対しての大志を与え、現状に限界を感じ転学や転職を悩んでいる人には正しい方向性を見出す戦略を説き、すでに決まったレールに乗ってゴールテープを目指している人たちには今だからしなければならないことを的確に教えてくれる――それが本書の特徴です。

本書の内容を私自身にあてはめても、まるで予言者のように、うまくいっているところ、改善すべきところをすべて言い当てていることに驚きました。

英知という言葉がありますが、著者の経験に基づく「英＝inspire（閃き）があるところから最大限の知＝knowledgeを導き出す」手法は、今ひとつ自分の努力が結果につながらない人たちに大きな支えとなってくれるでしょう。ぜひ御一読をお薦めします。

順天堂医院副院長　天野　篤

まえがき

時代の変化のスピードが加速度的に高まるとともに、グローバリゼーションによって世界の境界が失くなりつつあります。

つまり、私たちは日本にいながらにして、世界中の人と競争しなければいけない時代になってきたということ。しかしそれは言いかえれば、世界中の誰もがチャンスを持っているということでもあります。

このような時代にあって私たちが競争優位を保つためには、**目の前にある仕事としっかり向き合いながらも、将来進んで行きたい道に向けて勉強し、新たなスキルを身につけていく必要があります。**

そのためには、どのように時間をつくり、仕事と勉強を両立していけばいいのか？

この本は、医師として研鑽を積みながら、語学力ゼロの状態からハーバード大学に留学し、同時にビジネススクールでエグゼクティブMBAを取得した著者自身の体験と、海外で活躍する日本人やエリートたちへの取材をベースにした「**仕事と勉強を両立しながら目標を次々と達成するための考え方と、語学習得も含めた具体的な勉強法**」を、仕事や日常の様々で忙しい社会人の皆さんに向けて紹介します。

「世界に挑戦する」ことは誰にでもできます。

夢を描き、目標を持つ。ときどきは失敗してもいいのです。やがて頂点に立つことを目指して、自分を研磨し、世界に挑戦することでしか見ることのできない景色を見てみたくありませんか？

どのように勉強して、医師として勤務しながら ハーバード大学留学、MBA取得を達成したのか

私は茨城県のごく普通のサラリーマン家庭で育ちました。特別な幼少時代を送ったわけではありませんし、もちろん長期の海外経験などもありませんでした。

そんな私でも、2011年から2015年までの5年間に、医師としてのハードな業

務に邁進しながら、医学博士を取得し、ハーバード大学医学部に留学、そしてエグゼクティブＭＢＡ進学と、**一見同時には達成不可能な目標**を達成することができました。

昔から「いつ勉強しているの？」「いつ寝ているの？」などと友人に言われます。

友人たちは、私がこのようにいろいろなことに挑戦している様子を見て、どのようにして時間を捻出し、勉強しているのか不思議に思ったのだと思います。

目標を効率良く達成するには、「勉強に対する考え方や姿勢」「勉強のスキルやプロセス」「勉強以外のネットワーキング」といったものが良循環する必要があります。

そのなかでも私が最も気をつけているのは、**「人生で達成したいことを見据えて目標を立てる」**ことと、**「何をやらないかをはっきりと決める」**ことです。

この２つが最大限のパフォーマンスを発揮するために最も大切です。

人生は一度きりです。しかし、挑戦したいことや知りたいことは山のようにあります。

その限られた時間というパイの中で、効率良く学び、目標を達成するためには、**「ムダを省いて、やるべきことに１００％時間を集中する」**必要があります。

もしかしたら、このような私の思考法や独自の勉強法を整理し、シェアすることで、皆さんが挑戦している夢や目標を効率的に達成することに貢献できるのではないかと考え、このたび本書を執筆しました。

本書では、目標や時間管理といった**「勉強のエコシステム」を構築する**ために必要なエッセンスを、なるべく深入りしすぎずに、網羅的に説明していきます。これらは就職を前にした大学生、キャリアアップを目指すビジネスパーソン、子育てや家庭と勉強の両立を図っている方々にとって、最短距離で勝利をもぎとる、世界に挑戦するための有用な指針《プリンシパル》になるかと思います。

切磋琢磨し、世界の礎になる

アメリカ人の多くは困難な課題に直面したときに、「できない」や「難しい」といったネガティブな言葉は使いません。その代わり、彼らはこう言います。

“It's Challenging.（チャレンジングだね）”

このチャレンジングという言葉は、前向きなイメージを想起させるとともに、**「もしかしたら達成可能ではないか」**という気持ちにさせてくれます。

忙しくて時間のとれないビジネスパーソンや、子育てと勉強の両立に忙しい皆さんこそ、この「挑戦する」という意識を忘れないでほしいと思います。

ここ一番という局面で、本来以上の実力を発揮できる人がいます。この本は人生のゴールやミッションを具体化する方法や、重要な意思決定をする際のキーとなる有効なツールを多く紹介しています。1年後の資格試験に備えた勉強、キャリアアップの準備、子育て後のセカンドキャリアへの準備など、皆さんの具体的な状況に落とし込んで考えてみてください。

勉強で大きな結果を出している人と出せない人の間にある差は、勉強に対する考え方と環境づくり、そして簡単なスキルであり、生まれもった頭の良さではありません。

本書で学んだことにあなた自身の経験や工夫を融合することで、圧倒的な未来を切り拓き、世界に挑戦する足がかりとなれば幸いです。

著者

目次

PART2 結果を出す人の時間管理と集中力を高める技術

PART4 ハーバード、MBAから学んだ私の勉強法

PART5 ゼロからの英語学習術

PART6 結果を出す人の 成長し続ける技術

PART 1

結果を出す人の
目標設定の技術

勉強や仕事で大きな成果が出ている人と出ていない人には大きな差があります。

それは、「勉強に対する考え方や姿勢」です。

これをなおざりにして素晴らしい結果を出している人を見たことがありません。


勉強には、本書でもいくつかご紹介しているように、効率を良くするテクニックや時間管理術といったものが確かに存在します。しかし、勉強に対する考え方や姿勢が確立されていない状態で、そのような方法論ばかりを学んでも、肝心の成果は上がらないでしょう。

まず勉強に対する考え方や姿勢を確立させるうえで最も大切なのは、勉強の先にある人生のゴールやミッションともいえる目標をしっかりと持つことです。


あなたのかなえたい目標やゴールを達成するために、勉強がどのような意味を持つのか。どうして勉強が必要なのかを、自分自身でしっかりと理解することが大切です。


また、人生の目標をしっかり持つことができれば、ゴールから逆算して今すべきことに集中できるようになります。そして、あなたにとって何が必要で、何がムダなことかを明らかにすることができるでしょう。

まずは、目標を立てて、何のために勉強するのかを明確にしてみましょう。

1 目標から逆算して考える

この本を手にとっている方のほとんどが、将来の目標を設定して、自分を成長させたいと考えているのではないでしょうか。

しかし、なかにはどんなに頑張って働いても、まるで世界を漂流するかのように、目標が見つからず、自分の価値を見いだせずに悩んでいる人もいるかと思います。

その原因は、人生において何をゴールとするかを十分な時間をとって考えておらず、明確な目標を決めることができていないからです。

目標を設定することは、勉強するうえでも、あなたの理想的な将来のキャリアを考えるうえでも、最も重要なプロセスです。目標を設定することで、モチベーションを維持することができます。そして、あなたの将来のビジョンを現実へと落とし込むことができます。

トップレベルのアスリートや成功を収めたビジネスパーソンは、その分野に限らず、目標を明確化しています。**目標を明確に設定することは、長期のビジョンと短期のモチベーションを与えてくれます。**さらに目標を設定し管理することは、限られた時間という資源を、あなたが本当に人生で達成したいことに効率的に集中させてくれます。

目標はなるべく詳細に、具体的に描きましょう。そうすることで進歩を実感することができますし、目標の達成度を測定することができるようになります。

目標を設定し、自分自身で評価することは、病院でバイタルサインを測るのと同じこと。バイタルサインとは、生きるための基本情報である、血圧、脈拍、呼吸数、体温などのことです。これらを測ることが体の状態を知るうえで必要不可欠であるのと同様に、目標を管理するためにも、目標の達成度を指標化して測定することが必要不可欠です。

長期にわたる勉強のなかで、ときに自分の進歩を見失うこともあります。そんなときも、目標の達成を細かく実感することで、自信が生まれ、最終的に長期的なビジョンを達成することができます。

カーナビやスマートフォンの地図アプリでも、入力するのは「現在地」と「目的地

POINT

目標を設定するプロセスは、あなたが人生でどこに向かうのかを明確にしてくれる

（ゴール）」です。それが分かれば、経路が多少変わっても、最短距離で目的に到達できます。しかし目的地が決まっていなければ、大幅に時間をムダにしてしまうばかりか、効率的なアウトプットも、目標から逆算した準備も進めることができなくなってしまいます。

目標を設定するプロセスは、勉強だけでなく、あなたが人生でどこに向かうのかを明確にしてくれます。

あなたが本当に達成したいことを自覚することで、どこに集中すればいいのかが分かり、それによって、やらなくていいことを切り離すことも可能となります。

勉強のスピードを決めるのは、目標設定の仕方なのです。

2 スマートな目標設定を行う

将来どうなるか分からないのに勉強の目標なんて立てられない、という人も多いでしょう。確かに5年後や10年後の自分は想像できないかもしれません。しかし、だからこそ、柔軟性を保ちながら、自分の目標を戦略的に見据えて勉強する必要があります。

それでは、そんな不確実な状況で、どうやって目標を設定していけばいいのでしょうか？　ここで重要なのは、**大まかでいいので、5年後や10年後の自分を感覚的に思い浮かべること**です。目標は絶えず変化していくものです。設定するにあたって、将来の行く末を完璧に予測する必要はありません。

目標の設定には、**SMART GOAL（スマートゴール）**という5つの基準《クライテリア》を用いたフレームワークを使うと便利です。

SMARTとは、Specific（より具体的な）、Measurable（評価可能な）、Achievable（実現可能な）、Realistic（現実的な）、Time-bound（期限内に達成可能な）、という5つの言葉の頭文字をとったもので、これらを満たす目標を設定するわけです。このフレームワークを用いることで、目標をより明確に設定できます。

ここで、スマートな目標とそうでない目標の例を挙げてみましょう。

ノースマートゴールの例

- グローバル化に向けて英語の勉強をする
- 出世するために資格の勉強をする
- 教養をつけるために読書をする

スマートゴールの例

- 2017年までにTOEFLで100点を取得するために英単語帳を1日20ページ進める
- 7年後の独立に向けてMBAを2020年までに取得する。そのために必要な試験勉強を1ヶ月に30ページずつ行う
- 教養をつけるために週に2冊の本を読む

POINT

「きちんと準備をすれば達成しうる」目標であることを忘れずに

ノースマートゴールとスマートゴールの違いは明白です。スマートな目標は、具体的(Specific)で、数値などで評価可能(Measurable)で、現実的に実現可能(Achievable, Realistic)で、期限が設定されている(Time-bound)ことが分かると思います。

「将来社長になる」といった抽象的な目標ではなく、「2015年9月にハーバード大学に留学する」などの、明確かつパワフルな目標設定を行うことが重要です。当然ながら、スマートゴールの設定は、「きちんと準備をすれば達成しうる」目標であることを忘れてはいけません。つまり最初から無理な計画では意味がないのです。

勉強の目標を立てる際にはこれら5つの基準を意識して、スマートな目標設定を行ってください。

3　ゴールを7つのカテゴリーに分ける

目標を設定するうえで最も重要なのは、「**生涯で何を達成するか**」というゴールです。人生のゴールを設定することは、様々な意思決定をするうえで重要な軸となります。

とはいっても、いきなり大きな人生の最終目標を決めることはなかなか難しいと思います。そこで、以下の7つのカテゴリー毎にゴールを設定しましょう。

- 仕事（キャリア）
- 家族
- 経済（金銭）
- 健康
- 教育（自己啓発）
- 趣味
- その他（ボランティアなど）

これらについて、それぞれ最低ひとつ以上の具体的な目標を立てましょう。

セルフブレインストーミングで目標を絞り出す

目標の中身を具体的に考え出す方法としては、セルフブレインストーミングがおすすめです。それによって、あなたの根幹となるクリエイティブなアイデアが浮かびます。

ブレインストーミングとは1953年にアレックス・F・オズボーンが著書"Applied Imagination"で考案した会議方式のひとつです。ブレインは脳ですが、ストーミングはストーム（嵐）が転じて突出するという意味で、アイデアが湧き出るための考え方です。その後、アプローチ方法が改良され、現在では、「集団でアイデアを出し合い、相互のアイデアを活性化させ、問題解決を行う」という技法になりました。

ブレインストーミングは通常、グループで行うものですが、1人でも実施可能です。ある研究によれば、個人で行うブレインストーミング（セルフブレインストーミング）は、集団で行うそれよりも多くのアイデアを生むそうです。グループの場合、人目を気にしたり、批判されるのを恐れたりするあまり、創造性が失われることがあるからです。セルフブレインストーミングはその点、他人の意見を気にする必要がありません。

POINT

カテゴリー毎に最低ひとつ以上の具体的目標を立てる

それでは、セルフブレインストーミングによる目標の設定方法をご紹介しましょう。まず、環境を整えます。スケジュールにセルフブレインストーミングの時間を組み込みましょう。自分にとって心地良い机や椅子を用意します。また、気が散らないように、最初から時間を決め、集中してセルフブレインストーミングを行います。

次に、30分なら30分と時間を設定して、目標を思いつくまま紙に書いていきます。このとき、目標の数を決めておくといいでしょう。30分で100個の目標、というように決めてセルフブレインストーミングしてみましょう。

最初はアイデアが浮かばず、30分では100個も出てこないかもしれません。しかし何度か繰り返しているうちに、100個くらいはすぐに思い浮かぶようになります。

そうしてブレインストーミングで創造したアイデアを分析し、さきに挙げた7つのカテゴリーに振り分けます。さらにそのなかで重複しているものや不必要な目標をトリミング（取捨選択）することで、**自分にとって本当に必要なゴールは何か**が明らかになってきます。

4 10年分の目標設定をする

私は目標をカテゴリー別に設定したら、次に、10年分の目標設定を行っています。なぜなら、10年という期間は長期、中期、短期に分けるのにちょうど良い長さだからです。10年後の目標を立てたら、それを中期（5年後）、短期（1年後）とチャンクダウン（掘り下げる）していきましょう。

これをパソコン上にフォルダを作るように分類し、毎日の生活における目標まで落とし込みます。下層に行くに従って、より具体的な名前をつけていくといいでしょう。

例えば、私は仕事の分野で「5年後のMBA留学」を目標にしました。そうすると「3年後までにはTOEFLで100点取得」「来年までには80点取得」というふうに、段階的かつ逆算的に目標を立てることができます。さらに80点の目標を達成するためには、どのような取り組みをすればいいかを、毎日の小さな進歩を意識してスケジューリングしていきます。そうすることで、日々のモチベーションを高く保ち、長期的には大きな成果を生むことができます。

短期／中期／長期の目標を立て、手帳でいつでも見直せるようにしておく

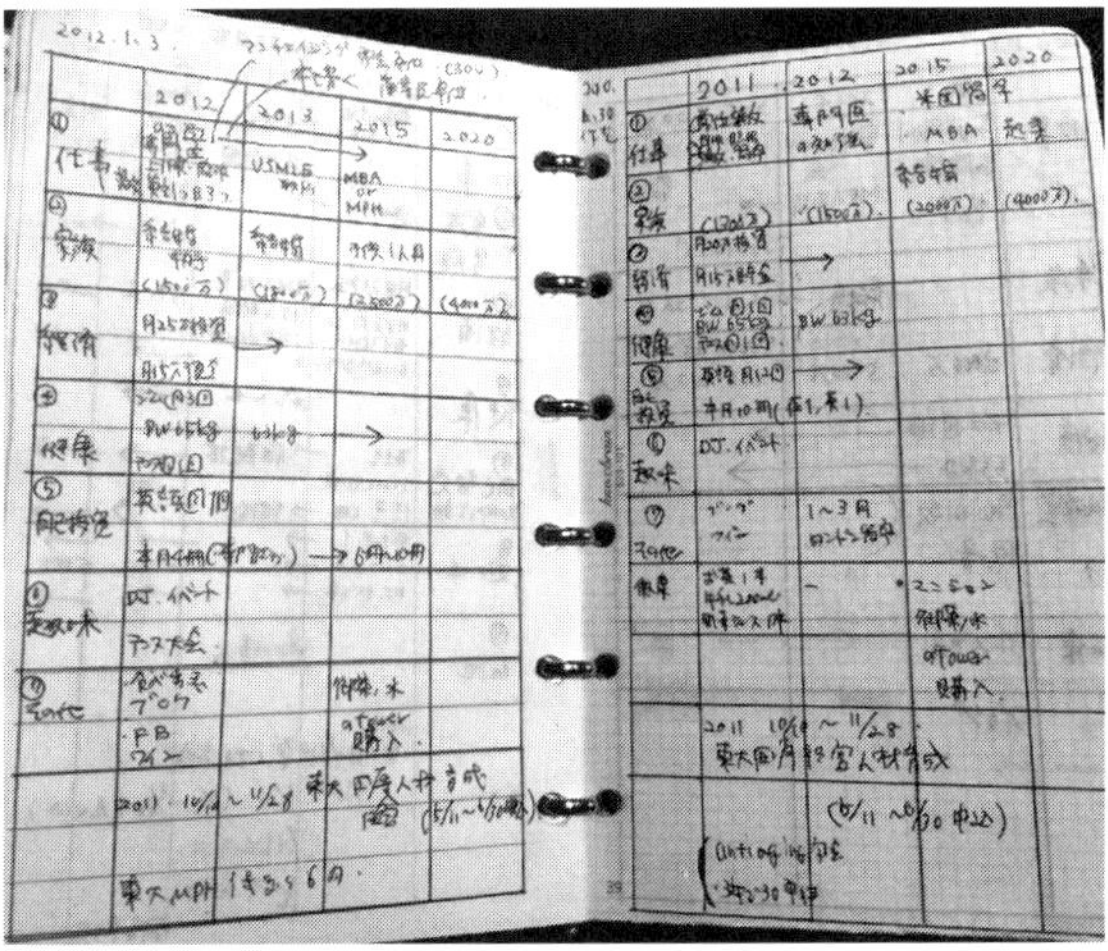

目標は戦略であり、道筋です。実行を見据えた目標を立て、継続して努力できる環境を整備しましょう。そして、**将来の自分に必要なもの（目標）を逆算的に埋めていく**ような勉強をすることで、効率良く、大きな結果を残せるようになります。

例えば私は毎年2回、正月と6月に、半年前に立てた目標を振り返り、短期的な達成度を評価するとともに、短期、中期、長期の目標設定を行います。

1日や週の目標は、スマートフォンのTO DOやスケジュールアプリが便利ですが、1年以上の目標は、ペンで手帳に書きつけています。な

ぜなら、手帳は見直して再確認するときに便利ですし、また、手書きということで気が引き締まる気がするからです。

この際、手帳は一生ものを購入しましょう。私は良質の革を使った定番デザインのシステム手帳を愛用しています。システム手帳ならリフィルを追加する際に規格が変わって困ることがありませんし、年によってデザインが変わるのも好きではないからです。私は前ページの写真のように、短期（1～2年）、中期（5年）、長期（10年）の目標を立てています。

項目は前述のとおり、仕事、家族、経済面、健康、教育（自己啓発）、趣味、その他（ボランティアなど）に分けて記入しています。項目に当てはまらないことはすべてその他の項目に追加します。目標設定は毎年していますので、基本的に新年にはそこに継ぎ足すような形で新しい目標を作成します。

目標を公言する

そのようにして目標を作成したら、組織や家族などに公開・共有することをおすすめ

POINT

目標は戦略であり、道筋である

します。この目標を公開するということは波及効果を得ることができ、目標達成のモチベーションを高めるうえで重要です。

私はフェイスブックやブログで目標を公言するようにしています。年賀状や年始のメールなどに記載するのもいいでしょう。公開することで目標が可視化され、誰から見ても「猪俣はこの仕事や目標に向かって邁進している」という環境をつくることができます。また、結果を出すことで「あいつは有言実行型だ」と、型を持った人間として評価されるようになります。

言いかえれば、公言することで、人は周りの人に評価されたいものですから、より頑張ろうとしてモチベーションが上がるのです。フレデリック・ハーズバーグのモチベーションの研究でも、**周囲からの評価は良いモチベーションを生み出す**とされています。

5 履歴書を定期的に更新する

皆さんも就職や転職をする際に、履歴書を書いたことがあるでしょう。

10年分の目標を立てることと並行して、目標達成を測るものさしとして、「履歴書を定期的に更新する」ことをおすすめします。

履歴書はただの職務経験の羅列ではありません。**「あなたの過去から未来へのつながり」**を表すシートであり、そのことを意識して書く必要があります。

履歴書と10年分の目標を定期的に更新することによって、自分の人生の「現在」と「未来」の2つの時間をマネジメントすることができるのです。

言いかえれば、半年や1年経っても、履歴書を更新できるようなことがなければ、その間に進歩がなかったということになります。つまり、短期の目標達成は実現しなかったということです。

そして、**3ヶ月毎に履歴書を書き直すことをおすすめします。**これは短期の仕事の業績を整理するとともに、新しく獲得したスキルを振り返って可視化できるからです。

1年に2回、例えば毎年お正月と6月に、10年間の目標を手帳に書き、さらに3ヶ月毎に履歴書を更新する作業を継続してください。履歴書と10年分の目標を比較しながら、短期的にはどのような勉強をすればいいか、中期的にはどのような投資をすればいいか、長期的な目標に向かって近づいているかを検討しましょう。10年分の目標で自分の未来を、履歴書で今日までの自分の進歩を、それぞれ客観的に見直すのです。

履歴書を書く際には2枚にまとめます。1枚目には、学歴、職歴、スキル、賞、参加学会、ボランティアなど、2枚目には出版した論文、本などを記載します。

さらに、英語での履歴書も同時に作成しましょう。英語での履歴書作成については、第5章で説明しますが、英語の勉強にもなります。自分自身を英語でプレゼンテーションするためには、自分の歴史である履歴書をしっかりと理解していることが上達への近道です。

履歴書はあなたの努力の記録であり、キャリアの向上を確認することができます。履歴書をつけることで、自分の努力が可視化され、モチベーションを保つことができます。

また、**目標と現状の結果である履歴書とを比較することで、目標と現状との距離が分か**

POINT

履歴書はキャリアプランを向上させる目標管理の「ものさし」

ります。この距離が分かることで、何をやらなければいけないかを把握することができるのです。

このように、履歴書はキャリアプランを向上させる目標管理の「ものさし」として、日々の成長を反映させていくべきです。おそらく、履歴書を定期更新した結果を振り返るような時期には、とてつもない業績をあげていることでしょう。

目標というのは流動的なものですから、それに対して私たちは柔軟でなければいけません。だが柔軟であろうとすると、キャリア戦略や意思決定は複雑になります。目標が不変であれば、ものさしも変わりません。判断が明瞭になります。それが目標を定める理由です。

6 目標は将来のビジョンに合ったものに

あなたはこれまで時間を費やしてきたことを中止する判断ができますか？

あなたの会社がAというプロジェクトに3年間、あわせて10億円の設備投資を行ってきたとします。このプロジェクトにさらに1億円の追加投資を行うべきかをどのように判断するでしょうか？

このとき、**サンクコスト（Sunk Cost：埋没コスト）**の概念を知っていれば、間違った意思決定から免れることができます。

サンクコストとは、すでに支払ってしまった費用を指します。これはファイナンスで必要となる概念ですが、私たちの意思決定の際にも使える考え方です。

先ほどの例をもう少し具体的に見ていきましょう。3年間で10億円の設備投資の後、プロジェクトに市場調査という形で1億円の追加投資が必要だとします。この場合に、追加投資するか否かの意思決定はどのように行えばいいでしょうか？

このとき、プロジェクト開始の意思決定は、**「現時点（プロジェクト開始時）から将来にわたっての経済的価値をもたらせるかどうか」**で決めなければいけません。

過去3年間の10億円の設備投資の費用がもったいないからといって、安易に1億円の市場調査を開始してはいけません。もし市場調査後にプロジェクトを開始し、市場調査の費用の1億円を超える継続的な利益が見込めないのであれば、中止すべきです。10億円というサンクコストは、ここで考慮に入れてはいけないのです。

なぜなら、この10億円はすでに支払ったコストであって、この先の意思決定の際に「すでに流出したコストは関係ない」からです。投資の判断をするために必要なのは、これから新しいプロジェクトを実施した場合としなかった場合の比較であって、そこにこれまでの投資額は関係ありません。

このように、**もしあなたがこれまで時間を費やしてきたことがあっても、目標を決定する際には、今後それに時間を費やすことで得られる利益があるかないかのみで意思決定すべき**なのです。

例えば、大学の4年間に物理を勉強していたとしましょう。その後、大学を卒業し、戦略系コンサルタントとして働くことになりました。あなたは物理の勉強を継続すべきでしょうか？

このとき、物理の勉強に費やしてきた4年間はサンクコストであり、コンサルタントとして成功するためにすべきことは別のところにあるのは明らかです。

このように、**サンクコストの概念を知ることで、今の時点でコントロールできない過去のことは、意思決定の際には無視すべきという判断の基準を持つことができます。**

目標を設定する際には、過去のことは考えず、将来のビジョンに向かって現時点で何が重要かを考えて目標設定を行いましょう。

POINT

目標を設定する際には、過去のことは考えない

7 目標に一貫性を持たせる

目標を達成するうえで最も大切な戦略のひとつは、継続性です。「継続は力なり」とはよくいったもので、**継続なくして目標は実現できません。**

ビジネスの世界では、ゴーイングコンサーンという言葉があるように、1〜2年の継続では意味がなく、10年、20年のスパンで「長期的に」「健全に」継続することを目標とします。研究の世界でも、突如としてiPS細胞が見つかったわけではなく、毎日の実験の積み重ねが大きな発見につながったのです。ハーバード大学経営大学院教授のマイケル・ポーターも『競争の戦略』で、第五の要因として継続性をあげています。

新しい技術が目まぐるしく誕生する現代では、リーダーは変化に対応できなければいけません。しかし変化のみでは、何かを大成したり、スペシャリストになったりすることはできません。

継続性こそが付加価値を生み、目標達成する方法なのです。これはスポーツや勉強、仕事でも同じです。

「勉強時間を毎日1時間確保する」には?

しかし、目標に向かって努力し続けるのは容易いことではありません。どうすれば努力を継続させることができるのでしょうか?

継続するためには、「取引コスト」を減らすことが大切です。

ここで、毎日の英単語の勉強を継続する方法について考えてみましょう。この場合の取引コストは、「毎日1時間を確保する」「机に向かう」「参考書を開く」です。

このコストを減らすにはどうすればいいでしょうか? それは、バリアーを取り除いてあげることです。それによって、見かけの取引コストを減らすことができます。

「毎日1時間を確保する」のが難しいのなら、スキマ時間を使って1時間を捻出すればいいわけです。1時間まとめての確保はできなくても、10分を1日6回捻出するのであれば、集中力も続きますし、忙しいビジネスマンや医師も達成可能です。「机に向かう」「参考書を開く」という行為ができないのなら、移動中に英単語のリスニングをしたり、ベッドに横になりながら英単語の本を読んだりするのでもいいと思います。このときに絶対守らなければいけないのは、「すぐに取りかかる」ということです。メールチェックしてからとか、何か食べてからという取り組みはしないことです。

このように、**大切なのは対応の早さを備えた継続性と、その結果としての目標の達成**です。核となる目標が決まっていれば、それを実現する方法や勉強の仕方はいくらでも変えていいのです。

複数の目標がそれぞれ自分のミッションと同じ方向を向いているか

継続性と同じくらい大切なこと——それは、目標に一貫性を持たせることです。

例えば、私の目標は母校を世界一の医学部にすることです。その目標のために、ハーバード大学に留学し、世界一の大学を体験する。MBAを取得し、経営とリーダーシップ能力を磨く。そして医師、研究者として最先端を目指し、大学に還元することが、私の目標を達成するために、互いに相乗的に価値を生み出します。

POINT

目標を達成するうえで大切なのは「継続性」と「一貫性」

このように、**個々の目標に一貫性があれば、その目標に必要な能力、努力、時間が適合し、目標間の結びつきを強め、ムダを省くことができます。**

さらに一貫性がある目標は、互いに目標が影響し合うので、どれかひとつの目標に一貫性がなかった場合に、目につきやすく、すぐに修正や変更を加えることができる利点があります。

一貫性を持った複数の目標を設定することで、いろいろな角度から成長することができるようになります。複数の目標を持つ際に、それぞれの目標が自分のミッションと同じ方向に向いているか、考えてみましょう。

8 目標のポートフォリオを組む

リスクという言葉は日常でもよく耳にしますね。ふだんの会話で使われるときは「悪い予感」というニュアンスがありますが、ファイナンスの世界では、「将来が不確実で、意思決定が難しい」ことを指します。

例えば、株式取引において株価が下がることが事前に100%分かっていれば、空売りをすることでリスクをコントロールすることができます。つまり、**リスクとは不確実性のことを指し、そこに良い悪いの尺度はない**ということです。

私たちがひとつの目標や仕事にばかり集中していると、リスクが高まってしまうことに注意が必要です。単一の目標に集中していたら、挫折したときに希望がすべて失くなってしまいますし、ひとつの仕事に専念していたら、リストラに遭ったり会社が倒産したりしたら生計が立たなくなってしまいます。

しかし、リスクはコントロールすることができます。

目標のポートフォリオを組む

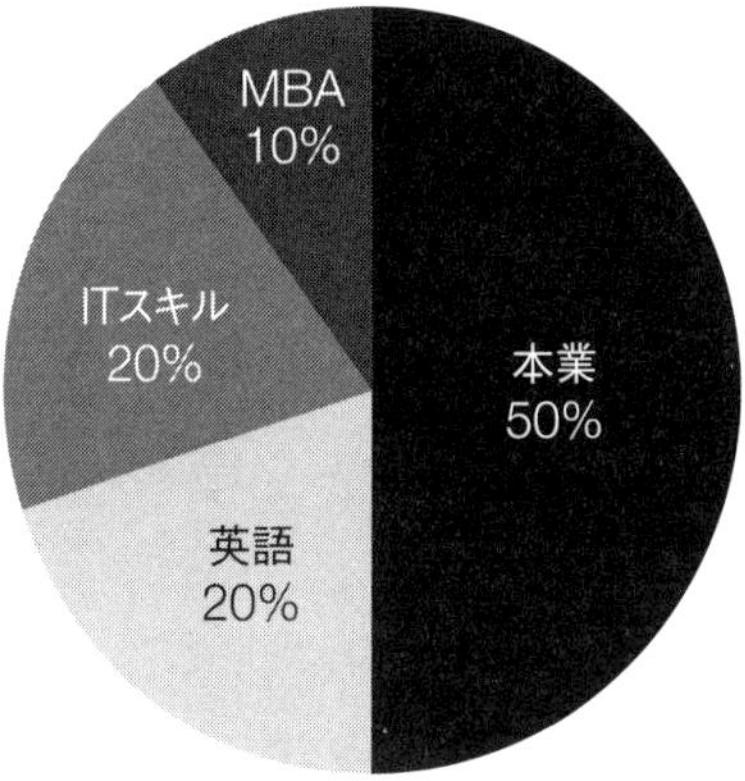

目標を複数持つことで、ひとつが駄目になってもほかの目標を目指すことができますし、資格を複数取得しておけば、転職したり別分野に進出したりすることができます。株式であれば、個別の銘柄だけを買うのではなく、ポートフォリオを組む（いろいろな株式を組み合わせる）ことで、リスクを軽減、回避することができます。

私たちが目標を立てる際には、このようにリスクを軽減できるような「目標のポートフォリオ」を組む必要があります。本業が疎かにならないかと懸念される方もいるかと思いますが、一極集中することのリスクを減らし、他分野を本業や将来に活かすという考え方なのです。

POINT

目標を複数持つことでリスクを軽減、回避できる

例えば、本業以外にも英語を勉強したり、医者であれば、診療スキルのみを磨くのでなく研究や教育のスキルを向上させたりすることがリスクマネジメントになるでしょう。友人の柳内啓司さんが書いた『人生が変わる2枚目の名刺』（クロスメディア・パブリッシング）にもあるように、本業以外のことにも関心を持つということは決して悪いことではありません。視野を広げることはむしろ本業の成績を向上させます。

なるべく本業に相乗効果を及ぼすような目標でポートフォリオを組みましょう。本業と全く関係のないことにコストをかけていては、本業に悪影響を及ぼす場合があるからです。

リスクは定量的に把握することによって、リターン（目標達成）を予測できるといっても過言ではありません。勉強するうえでも、リスク管理を念頭に置いた目標のポートフォリオを組みましょう。

9 「AかBか」ではなく「AもBも」

複数の目標を持つことのメリットについて、もう少しお話ししてみましょう。

多くの人は、「ひとつのことが終わってから次のことをしよう」と考えがちです。

しかし、私は違います。A or B ではなく、A and B に挑戦します。チャレンジしない人生は意味がありません。チャレンジしなければ失敗も起きないように、失敗を恐れてチャレンジを止めてはいけません。

医師免許を持った医師がMBAを目指す場合、現場復帰が非常に難しいとされています。なぜならば、2年間現場を離れることや、病院のコンサバティブな環境ではそれがかなわないからです。しかし、私は週末に働きながら勉強できるエグゼクティブMBAコースを利用することによって、医療を離れることなくマネジメントスキルを学習することができました。

目標や夢を実現するためには、「AかBか」の二者択一をするのではなく、AとBが

専門をひとつに限る必要はない

ともに自分の最終目標に必要なものであれば、あえて「AもBも」選択して、両方に挑戦すべきです。

Aを終わらせてからBをしようと考えているうちに、誰かに先を越されてBを取られてしまうかもしれません。また、「満を持して…」と準備をしているうちに、変化についていけなくなり停滞してしまうおそれもあります。

専門をひとつに限る必要はありません。時代の流れとともに、必要とされるスキルや人材は変化していくものです。しかし、たくさんの人よりも秀でた能力があれば、そのような状況にも対応できます。**自分の根幹となる仕事を深めながら、枝葉を広げるように勉強していくことで、いろいろな知識やスキルが身につく**ものです。

私にはまだできないとか、もう少し準備を整えてから始めようとするのではなく、チャレンジを恐れず、ぜひ A and B に挑戦しましょう。

10 目標となる人をロールモデルにする

目標を具体的かつ戦略的に立てていくうえで最も有効なのが、自分の目標とする先人の歩みを研究することです。

私はハーバード大学留学、米国ＭＢＡ進学を目標としてからは、それらを実際に経験された方の体験記やブログ記事などを読み漁り、彼らがどのようにして目標を達成したかを研究し、「マネ」できる点はどんどん取り入れました。

自分のキャリアを決断するうえでも、社長や教授といった目標となる人の軌跡をロールモデルとして研究しました。そのような人の履歴書は具体的な参考になりますし、様々なところで目にすることができます。**彼らが経験してきた軌跡をたどるというのが最も信頼できる道筋です。**

私はまた、眼科医になって間もない頃、眼科学会から配布される抄録に記載されている著名な教授たちの履歴書を集めて分析しました。すると驚くほどその軌跡が似ていることが分かりました。みんな同じくらいの年齢で海外留学していたり、賞をもらっていたりしたのです。

このように、**先人の足跡を自分に投影することで、より具体的に自分の目標を思い描くことができます。**また、成功した人のターニングポイントを探し出すことで、成功への道筋を探り当てることができます。ビジネスにおける戦略の模倣は競争優位を生み出しませんが、先人の生きてきた軌跡をロールモデルとして「マネ」することは非常に有用です。

歴史から学ぶことが多いように、身近に成功している人がどのようにして目標を成し遂げたかを研究することをおすすめします。

誰も成し遂げたことのない、実現するかどうか分からない目標に挑戦することには勇気が必要です。しかし、どんなに難しいと思われることでも、それを成し遂げた人は必ずいるはずです。ロールモデルとなる人を見つけ、彼らの成し遂げてきた軌跡を参考とし、スマートゴールを計画して、出発することが目標達成への近道です。

POINT

先人がどのようにして目標を成し遂げたかを研究する

SUMMARY 1

1 目標から逆算して考える
2 スマートな目標設定を行う
3 ゴールを7つのカテゴリーに分ける
4 10年分の目標設定をする
5 履歴書を定期的に更新する
6 目標は将来のビジョンに合ったものに
7 目標に一貫性を持たせる
8 目標のポートフォリオを組む
9 「AかBか」ではなく「AもBも」
10 目標となる人をロールモデルにする

私がハーバード、MBA留学を目指した理由

この本を手に取ってくださった方は、「ハーバード大学留学、MBA、医師」とはどのような人間で、どのような勉強法をしているのか、ということに興味を持ってくださった方ではないでしょうか。

ここでは、「私はなぜ、ハーバード大学留学とMBA取得を目指したのか」についてお話ししようと思います。

私は茨城県の取手市で育ちました。東京の上野駅からJR常磐線で40分程度の所に位置するこの街は、常磐線の始発ということもあり、利根川のほとりにあるのどかなベッドタウンです。父は水力発電に従事し、母は小学校の教員という家庭で育ちました。

もちろん、私は幼少期に海外経験はありませんでしたし、中高生の頃は地元の私立一貫校の江戸川学園取手中・高等学校に進学しましたが、学生時代は部活動（硬式テニス部）に熱中するという、一般的な日本人の青春時代を過ごしました。

そんな私が無謀にも、ハーバード大学留学を志したのは、東京大学医学部附属病院での研修医の頃でした。医師になるには、6年間の医学部を卒業し、医師国家試験を経て、初期臨床研修を修了する必要があります。研修医の2年間は内科や外科など様々な科をローテーションし、一般的には、その間に最終的な進路を決断し、それぞれの希望する科に歩みはじめます。

私の実家は病院ではないため、後を継ぐ必要はなく、将来どの科を選択しても良い状況にありました。だからこそ自分の進路には慎重になり、自分の人生のゴールを意識するようになりました。また、東京大学のアカデミックな環境は、臨床のみではなく、研究との両立の重要性を意識させてくれました。

このときから、どうせ留学するのであれば、世界で一番有名なハーバード大学に留学して、どのような研究環境で、そこにはどのような人が集まっているのかを、自分の目で確かめたいと思うようになりました。ハーバード大学に行くことでしか見えない新しい世界に挑戦したくなったのです。

一方で、MBA取得を目標に置きはじめたのは、東京大学医学部附属病院での研修医2年目の終わりの頃と記憶しています。

病院では、医師は医療チームのリーダーとしてチームをマネジメントする必要があります。研究においても、研究計画の立案から研究費の運用など、マネジメント能力は必要不可欠です。しかし、現在の医学部教育にはこのようなマネジメントやリーダーシップを学ぶ環境が十分にあるといえません。

医学部卒業後、東京大学医学部附属病院で初期臨床研修医として従事しました。仕事はとてもやりがいがあり、社会に貢献できる医療という仕事にのめり込む一方で、医師としてのマネジメント能力やリーダーシップの必要性を日に日に感じていきました。そうして、米国のビジネススクールで体系的にマネジメントやリーダーシップを学ぶ機会を常にうかがっていました。

研修医が終わる頃に、このまま医師になるべきか悩んだ時期がありました。そこで外資系コンサルティング会社の就職説明会に行ったり、MBAを取得した人の話を伺ったりして情報収集につとめました。

それでも私が医師の仕事を本業に選択した決め手は、臨床、研究、教育ができる仕事は他の仕事では得ることができない達成感があるからでした。

私は人生のミッション（使命）がこのとき見えたようでした。医師、研究者、教育者として大学病院で働き、医療を通じて世界に貢献することを私のミッションに定めました。そして、留学は本業の医学（研究）でしょう。しかしMBAもあきらめないで、両立できる方法を模索することを決断しました。

医師の海外留学は、博士課程を修了し、ポスドク（博士研究員）として留学するのが一般的です。そのため、私は東京大学での臨床研修を修了してすぐに、母校の順天堂大学の眼科学の博士課程に進学しました。

順天堂大学の眼科は昭和18年に開設された非常に歴史のある眼科であり、昭和27年にはアメリカで開発されたコンタクトレンズを日本で最初に導入したことで有名です。その他にも、レーシックの先駆けとなる角膜前後切開を研究し、屈折矯正手術の前進に大きく貢献しました。また角膜移植のためのアイバンクを我が国で最初に開設しました。これらの素晴らしい環境から、私は母校への進学の道を決めました。

博士課程在学中には、ハーバード大学へ留学するために必要な医学博士号の取得や研究業績の積み重ねなど、留学へのフェローシップを取得するために必要なことは、すべてチャレンジしました。

研究者の業績のひとつとなる学会発表は、主要な学会ですべて行いました。また、海外経験も留学前に必要だろうと考え、世界保健機関（WHO）の失明予防プロジェクトへの参加や国際学会でも毎年発表するようにつとめました。

同世代で学会発表は一番経験したと思いますし、産業医や眼科の専門医の資格など、取得できる資格はすべて取得しました。その甲斐あってか、2012年にBAUSCH＋LOMBジャパン様より留学のフェローシップをいただき、念願のハーバード大学医学部眼科へ留学することができました。

その後、キャリアを選択するうえで悩んだのが、フルタイムのＭＢＡに進学するかどうかでした。当初は、２年間ハーバード大学医学部で研究した後に、フルタイムのＭＢＡへの進学も考えました。

しかし、その後の医師としてのキャリアを考えた場合に、２年間のフルタイムのＭＢＡへの進学はアカデミアへの回帰を断念せざるを得ない場合があると考えました。なぜならばフルタイムのＭＢＡの２年という期間を医療の現場から完全に離れることは、医療の最新の動向から取り残されますし、依然保守的な体制が続く大学病院では、事実上片道切符となり得るからです。

しかし、どうにかして自分の目標を実現したいといろいろな人に相談しました。やはり、生きた情報は主体的に行動することからのみ得ることができます。ハーバードビジネススクール（ＨＢＳ）を訪問した際に、ＨＢＳの友人から、働きながら通えるエグゼクティブＭＢＡの存在を教えていただいたのです。

日本ではほとんどなじみの少ないエグゼクティブＭＢＡですが、勤務者向けのコースとして米国を中心に人気が高まってきています。

このキャリアを中断しなくて良いエグゼクティブＭＢＡが最も私にフィットしているのは明らかでした。なぜなら、ハーバード大学医学部眼科での医師、研究者としてのキャリアを中断することなく、念願のビジネススクールを受講することができるからです。

このようにして、医師や研究者として勤務しながら勉強し、ハーバード大学留学、ビジネススクール進学という目標を達成することができました。

このようにハーバード大学留学とMBA進学という一見無謀にも思える目標にチャレンジすることで、私は多くのことを学ぶことができたように思います。今思い起こしても人生で一番大変な期間でしたが、結果的にこの数年間は、過去最大のパフォーマンスで仕事や勉強をすることができました。

仕事や勉強の生産性を上げるためには、まず、日々の勉強や仕事に対する意識や考え方をカイゼンしなければいけません。このような実現不可能な目標に挑戦するなかで、目標を可視化し、本質的なムダを省き、効率良く勉強するという考え方を身につけることができたのではないかと思います。

誰しも、設定した目標を達成することは容易いことではありません。しかし、本書で私がハーバードやMBAで学んだ勉強に対する考え方や姿勢、勉強のスキルやプロセス、勉強以外のネットワーキングといったものをシェアし、皆さんの目標達成に貢献することができましたら幸いです。

PART 2

結果を出す人の 時間管理と 集中力を高める技術

医師という職業は、早朝から深夜まで働く過酷な仕事です。しかし、そんなハードワークの中、多くの医師が日々進歩する医療について学び続けています。私も医師として勤務しながら、ハーバード大学やビジネススクール留学の準備を進めました。

目の前の仕事や境遇と向き合いながらも、将来の目標に向けた勉強に対し、どのようにして時間を管理し、効果的に勉強していけばいいのでしょうか。


働きながら、資格試験の勉強をする。子育てをしながら、語学の勉強をする。勉強や仕事も大切ですが、私たちはクオリティ・オブ・ライフも考えなければいけません。すべての時間を勉強や仕事に投資して、家族をなおざりにするのはおすすめできません。

しかし一方で、どこかでレバレッジをかけて勉強したり働いたりしなければ、大きな成果を出すことはできないのも確かです。

あなたがまだ20代や30代前半の独身でしたら、今のうちにできるだけ勉強しましょう。結婚して家族ができたりすると、どうしても勉強に全力投球するのは難しくなるからです。

ですが、結婚してお子さんがいらっしゃる方でも、挑戦をあきらめる必要はありません。

本書では、忙しいビジネスパーソンや、家庭と勉強の両立を目指す方々にも役に立つ内容を紹介しています。勉強時間を長くとることはできなくても、コツコツと積み重ねることで、将来的に必ず大きな成果を手にすることができるはずです。

家族や応援してくれる人を慮ることを忘れず、将来の目標に向けて前進していきましょう。

11 時間管理を適切に行う

いくら良い目標や戦略を立案しても、そのプロセスにかける時間を確保することができなければ、実行に移すことはできません。しかし、仕事や家事が忙しく、本を読むことや、資格のための勉強をする時間を確保できないという事態には、誰しもが直面するでしょう。

それでは、なぜ同じ1日24時間という時間の中で、他の人よりも多くのことを達成できる人がいるのでしょうか？　その答えは時間管理の意識と方法にあります。

時間管理とは、目標に対する時間をどれだけ捻出することができるかを指します。「時間を細かく区切って予定を入れ、1日を忙しく過ごして終わり」ということではありません。忙しく予定を詰め込めばいいというわけではないのです。

あなたは、通勤にどのくらい時間を費やしているでしょうか？　また、その通勤中にスマートフォンでだらだらネットを眺めていたり、好きな音楽ばかりを聴いていたりしてはいないでしょうか？

もしあなたが目標に対して時間を管理することができていて、通勤時間中に英語やオーディオブックなどを聞いたり、勉強のための読書をしたりするようになれば、あなた自身の成長につながるだけでなく、それを知った会社の同僚にもあなたのやる気が伝播して、良い影響を与えるかもしれません。

時間管理をマスターすることは決して難しいことではありません。最も大切なのは、**時間管理があなたにとってどのくらい大切な規則であり、テクニックであるかということを、あなたの一部分である、あなたの心に理解させること**です。

時間管理を適切に行うことは、目標達成や成長に必要不可欠です。時間管理の基礎を学び、あなたの成功への基盤を強固にしていただきたいと思います。

時間管理を正しくマスターすれば、以下のことができるようになります。

- 優先順位や締め切りに対する時間管理ができる
- 目標設定とその成果を得ることができる
- 日常の行動を効率的にすることができる
- 意思決定が正確に早くなる

POINT

時間管理とは「目標に対する時間をどれだけ捻出することができるか」

- 良い代替案を得ることができる
- チームの管理、組織ができる
- バーンアウトを避けることができる

時間管理の技術を身につけ実践することで、あなたはタイトでプレッシャーのある状況下でも、通常では達成し得ない目標を完遂することができるようになります。

12 複利の考え方を時間管理に取り入れる

ここで、「時間はなぜ大切か」について、ファイナンスの視点から切り込んでみます。

皆さんは、「今日もらえる100万円」と「1年後にもらえる100万円」だったらどちらを選択するでしょうか？


時間の大切さを分かっている人は迷わず、前者を選びます。

それは、世の中には利子という概念があるからです。もし今日100万円をもらって金融機関に預ければ、1年後には1年分の利子がつきます。このことから、今日もらえる100万円は1年後にもらえる100万円よりも価値があることが分かります。

これが1年ではなく10年だったらどうなるでしょう？　利子が5％であれば、100万円は162万円になり、10年後にもらえる100万円との差は62万円にもなります。このように大きな差が生じる原因は、利子が利子を生んでいるからです。ファイナンスではこの考え方を**「複利」**といいます。

目標に向かって時間を管理するうえでも、この「複利」の概念を意識することで、加速度的な成長をすることができるのです。

POINT

時間は複利的に価値を生み出す

高校受験や大学受験で頑張って勉強した人は、良い学校に進学することができ、その後の人生で継続的にその利益を享受することができます。若いうちに勉強することで得た知識や経験は、その後も複利的に大きくなるからです。ですから、**若いうちには多少忙しくても、スキルアップできる職場にいるべき**です。そうすることで、そのときに得たスキルの恩恵を、その後長期間にわたって複利的に享受できるからです。

人とのつながりでも、時間は複利的に価値を生み出します。人との出会いは出会いを生み、さらにその出会いがまた新たな出会いを呼び込んでくれます。そう考えれば、人とのネットワークを作ることに気後れしている暇はないはずです。

時間を管理し、有効に利用することの大切さは、このようにファイナンスの概念から考えても分かると思います。時間を有効に使い、スキルや教養といったものを複利的に醸成させていきましょう。

13 トリアージして優先順位を決定する

時間を有効に使うためには、仕事に優先順位をつけて効率的に行う必要があります。
そこで私が提案するのは、**トリアージテクニックを用いた優先順位の決定法**です。

トリアージとは、医療現場において、大災害や大事故などで人員や物資が足りないとき、最善の結果を得るために、対象者の重症度によって治療の優先度の選別を行うことです。トリアージによる優先度の判定結果は4色のマーカーつきカードで表され、傷病者の右手首に取りつけられます。このカードはトリアージ・タグと呼ばれ、黒、赤、黄、緑に分類されます。黒はすでに亡くなっていて救出の見込みがないもの、赤は一刻も早い処置を必要とするもの、黄は赤ほどではないが早期の処置が必要なもの、

トリアージ・タグ

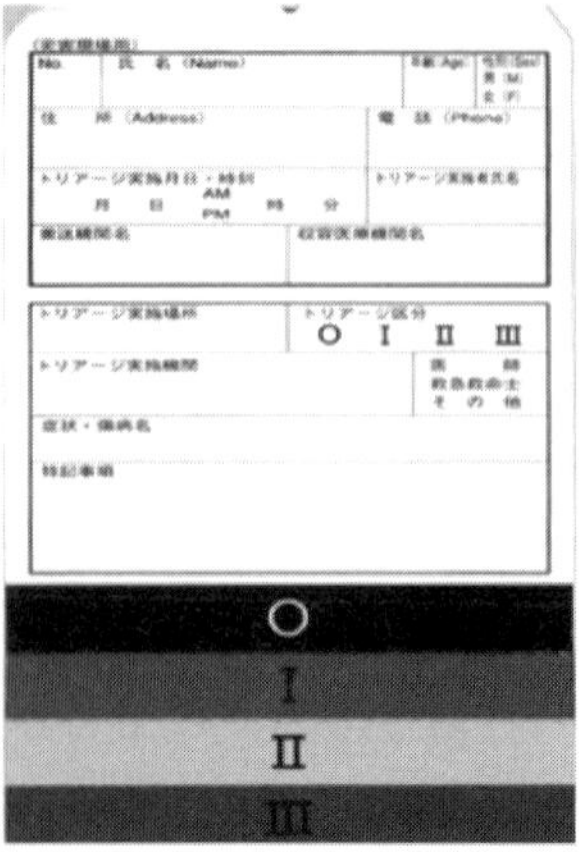

緑は緊急性のないものを指します。

私は日常の業務でもこのトリアージを意識しています。**一刻も早く対処しなければいけないタスク（1～3日以内）には赤色のタグを、1週間以内に対処が必要なタスクには黄色を、全く緊急性がないタスクには緑色のタグをつけてPC上に保存しています。そして、終わったタスクはもとの黒色に戻すようにしています。**

このようにトリアージ・タグをつけることで、優先度を視認することができるようになります。そうすれば、赤↓黄↓緑の順に仕事をしていけば、重要で緊急度の高い仕事から順に取りかかることができるようになります。

勉強でも同様に、重要性や緊急性が高い箇所には付箋などでトリアージしておきます。そうすることで、復習が容易になりますし、勉強する必要のない箇所をもう一度勉強することを避けることができます。

優先度を意識して勉強や業務に取りかかることが、時間を効率的に使うコツです。あなたもトリアージして、タスクの優先順位をつけてみてください。そうすればムダを省き、効率的な環境を整備できます。

POINT

優先度を意識して取りかかることが時間を効率的に使うコツ

14 成果を出すために、時間の使い方を見なおす

目標を明らかにし、ムダを省き、勉強すべきことが明白になれば、あとは勉強するだけです。しかし、時間の使い方が間違っていたら、成果を出すことはできません。

勉強における効率とは、勉強の成果÷時間です。つまり、勉強の効率を良くするとはすなわち、「少ない時間で、いかに勉強の成果を増やすか」ということなのです。

①飽きたら別の教科の勉強をする

じつはこれが、私の一番好きな方法です。同じ科目を勉強していると、どうしても飽きて、集中力が低下していきます。人間の脳は同じ単調な刺激を受けていると眠くなってしまうのです。集中力が下がると、勉強の成果はもちろん停滞します。

そこで、1時間毎に勉強科目を変え、脳の刺激をリフレッシュして勉強するのです。

思い返してみれば分かると思いますが、小学校ではいろいろな科目に変更して勉強するのは小学生の集中力を保つためです。

POINT

少ない時間で、いかに勉強の成果を増やすか

②人と違った時間の使い方をする

朝の混雑の時間を避けて早朝に出勤すれば、そのぶん、会社の近くのカフェで勉強や読書をすることができますし、あるいは、オフィスで早くから仕事を始めることで、残業しないで勉強会やセミナーに参加するなど、夜の時間を自己投資に使うことができます。これは人と違う時間を有効利用するという考え方です。

私もボストンでは、日中は研究に没頭し、早朝と深夜そして週末はビジネススクールの勉強に使っていました。時間を捻出し、人よりも大きな成果を出すためには、人と違った時間の使い方をするしかないのです。

③短時間の勉強を反復する

仕事や子育てをしながらだと、まとまった勉強時間を確保することは難しいもの。しかし、スキマ時間ならば捻出できない人はいないのではないでしょうか?

レポートや論文といったまとまった時間が必要なタスクでさえ、細かい時間を工夫して成果を上げることができます。スキマ時間の活用については次項で詳しく触れます。

15 スキマ時間を活用する

勉強を効率的に行うには、多くの時間を確保する必要があります。**「長い」時間ではなく、「多く」の時間**というところがポイントです。

勉強は長くやればいいというものではありません。それは、集中力は長く続かないからです。それに対して、多く勉強するということは、細切れでもいいので、たくさんの時間を捻出し、それを勉強やタスクに振り分けるということです。

まとまった時間をとることができない忙しいビジネスマンも、子育てに忙しい人も、細切れの時間であれば確保できると思います。この「スキマ時間」を有効に使うことが、いくつもの目標を同時に達成するために最も有効な時間術です。

スキマ時間とは、会議を待つ10分間だったり、顧客との面談の待ち時間だったりします。また、スキマ時間は日常にもたくさん見つかります。バスや電車を待つ5分間や、コンビニでレジに並んでいる3分間も、スキマ時間に相当します。

あなたの仕事が驚異的に忙しいとしても、スキマ時間は必ず生じます。なぜなら、社会で働いている限り、業務の継ぎ目をなくすことは不可能だからです。

そして私たちは、このスキマ時間を有効に使うことができます。たとえその時間が3分であってもです。パソコンがクラッシュし、再起動しなければならなくなったとしましょう。そのときあなたは、再起動までの数分間をボーッと過ごしていませんか？

スキマ時間ができたら、有効に活用し、その時間を自分に投資することです。いくつかの例を紹介しましょう。

移動中や出先でのスキマ時間を有効に使う

私はいつも本や簡単な書類を持ち歩くことにしています。電車やエレベーターの待ち時間ももったいないので、読書やメールの返信作業をしています。このとき便利なのは、スマートフォンやキンドルなどの電子書籍リーダー、それからＷｉＦｉルーターです。

スマートフォンはスキマ時間を有効利用するのに必要不可欠です。メールの返信や簡単な仕事は、スマートフォンで、スキマ時間に終わらせてしまいましょう。そうすれば、まとまった時間を重要な仕事や勉強にあてることができます。また、ｉＴｕｎｅｓなどのクラウドサービスに英語のポッドキャストを入れておけば、リスニングの練習をすることもできます。

キンドルなどの電子書籍リーダーにはたくさんの本が入りますし、何よりも軽いので効率的です。紙の本でも電子書籍でも、スキマ時間に少しずつ読み進めれば、たとえ忙しい時期でも、1週間もあれば1冊読み終えることができるでしょう。

スキマ時間が数十分に及ぶときは、カフェや待合室などでノートPCやタブレットを開いて、WiFiルーターでインターネットにつなぎ、学会発表の準備をしたり、論文や本の原稿を書いたりします。

ここで**重要なのは、スキマ時間ができたら、「すぐに」それらを取り出せるようにしておくこと**です（取引コストを減らす）。その点でいえば、なるべく小さく、軽いものを選択し、常に持ち歩くことをおすすめします。

オフィスや家でのスキマ時間を有効に使う

オフィスで仕事中のときも、スキマ時間が5分あれば、1日のTO DOリストの確認をしたり、スパムメールを削除したりできます。10分あれば、机の上の整理や書類の

POINT

スキマ時間ができたら、すぐに勉強できる準備をしておく

サイン、メールの返信ができるでしょう。20分以上あれば、レポート、発表に使うパワーポイントの骨組みの作成などをやってしまいましょう。少しでも手をつけておくことで、その後の仕事の効率が大きく変わります。

スキマ時間は、仕事場だけでなく、家でも応用可能です。5分あれば、今日やることを書き出したり、買い物リストを作ったりできます。10分あれば洗濯物をたためますし、20分あれば掃除機をかけられます。そうすれば、洗濯物をたたんだり掃除機をかけたりする時間を、仕事や勉強にあてることが可能になります。

1日のスキマ時間を合計すれば、相当の時間を捻出できます。この時間を重要なことに投資し、自己投資と目標達成の良循環を生み出しましょう。

16 週末にまとめて勉強しない

忙しいビジネスマンや医師には、週末にドカッとまとめて勉強の予定を立てる人もいるでしょう。

しかし、私は週末集中型の勉強はあまりしません。それは効率が悪いからです。

平日に勉強をせず、土曜日5時間、日曜日5時間の勉強を計画するとします。この勉強法では、私は集中力を継続させることができないことが分かっています。

5時間も机に座っていれば、途中でフェイスブックを見たり、インターネットサーフィンをしたりしてしまいます。さらに、平日の仕事が忙しい人は、たまった疲れがとれず、週末はゆっくり寝てしまうかもしれません。このような方法だと、いつまでも勉強が進まず、その結果、挫折してしまいます。

それよりも、1日2時間、毎日勉強したほうが集中力も続きますし、忘却曲線からも記憶への定着がいいことが分かっています。何よりも、毎日勉強を継続できたという自信がつきます。

POINT

筋トレと同じで、勉強も毎日少しずつ行う

筋トレも週末だけではなく毎日行ったほうが良いように、勉強も週末だけやるのではなく、毎日少しずつ行うほうがおすすめです。

そうすれば、週末の空いた時間は趣味や家族との時間に費やすこともできます。

もちろん試験前など、短期的に集中して勉強しなければいけない場合もありますので、絶対ではありませんが、ポリシーとして「週末にまとめて勉強する予定を立てない」ようにしておけば、結果的に「多く」勉強できるのです。

17 ディストラクションタイムを減らす

時間を有効に使うためには、スキマ時間を有効に使うとともに、ディストラクションタイムに注意し、減らす必要があります。

ディストラクションとは、「気が散る」という意味を表します。つまり、**1日の中で気が散ってしまう時間を減らして、限られた時間の集中力を高めることが、勉強や仕事の効率を高める**というわけです。

そもそも1日のうち、ディストラクションタイムはどの程度生じているのでしょう？ ディストラクションタイムはオフィスの中で頻繁に訪れます。仕事中のメールの受信や、同僚に話しかけられたり、タバコなどに誘われたりするのは、その最たる例です。

確かに、これらの一つひとつはたいして時間を浪費していないかもしれません。しかし、集中力はそのつど途切れますから、ディストラクションタイムが1日10回あれば、その倍は時間を浪費してしまっているといえるでしょう。

このディストラクションタイムを減らすことで、生産性や効率性が劇的に上がります。

以下、具体的な対応策を考えてみましょう。

①メール

メールは非常に便利なツールですが、同時に、最も気の散る原因のひとつです。メールの返信に時間を浪費するのは、生産的とは呼べません。

そこでおすすめなのは、メールを確認する時間を決めることです。通勤時、昼食時、帰宅前など、1日のうちで集中していない時間をメール作業にあてましょう。通勤時の電車では本を読む以外にできることは限られますし、昼食時は、お弁当を食べながらメールを確認することは可能です。また、疲れて生産性が下がっている帰宅前でも、メールの返信などの業務をこなすことは可能です。

逆に、最も頭がフレッシュな出社時や午前中にはメールチェックをしないことです。この時間は集中力のゴールデンタイム。クリエイティブな仕事に割り振って、通知機能はオフにします。特に、バイブレーションや音声通知は気が散る原因となります。

自分をメールに合わせるのではなく、メールを自分の生産性が低い時間帯に合わせるのです。

②インターネット

近年、デスクワークのほとんどはPCで行われるようになりました。しかし、気がつくとネットサーフィンをしたり、フェイスブックなどのソーシャルサイトにアクセスしたりして、時間を浪費していることがしばしばあります。

集中して勉強や仕事を行うためにまずすべきことは、ネットブラウザを閉じ、ソーシャルサイトはログアウトしておくことです。そうすれば、閲覧するのにワンステップかかりますから、ながら見を防ぐことができます。最近では、ソーシャルサイトをブロックするアプリもありますので、ぜひ活用してください（Safariでは閲覧制限をする機能があります）。

私は、スマートフォンは一日中、ノートパソコンは朝9時から夜9時まで、それぞれソーシャルサイトへのアクセス制限をかけています。自分から能動的に情報を発信したい場合は日中でも利用することがありますが、自分の意思とは無関係になんとなくソーシャルサイトを閲覧してしまうことで、時間をムダにしないようにしています。

③同僚

仲の良い同僚は、時としてディストラクションタイムの源泉となります。タバコを吸いたくないのに、同僚に誘われて喫煙所に向かったり、のども乾いていないのに、同僚

POINT

集中力を妨げる要因は徹底的に取り除く

とともにコーヒータイムをとったり……そうした経験はないでしょうか？

この場合には、もし職場に個室を持っているなら、ドアを閉めておくことです。個室がない場合にはヘッドフォンなどで音楽を聴いているふりをすることで、あなたの邪魔をしにくい雰囲気ができます（もちろん、実際に音楽を聴く必要はありません）。

仕事をする場所を変えるという方法もあります。空いている会議室や図書館、近所のカフェでもいいでしょう。重要なのはアウトプットですから、場所自体にこだわる必要はないのです。

このようにディストラクションタイムを工夫して減らし、それを最小限に留めることで、生産的な時間を確保しましょう。

18 集中してしまうルーティンをつくる

時間の効果的な活用法についてご紹介してきましたが、次に、集中力を高める方法をお話しします。人の集中力は20分が限界といわれています。しかし、その集中力を高め、継続する方法があります。集中力を高められれば、実質の時間の密度を高めることができるでしょう。

集中力を高める有効な方法は、「ルーティン」といって、決まった動作を行うことです。

これはスポーツ選手によく見られます。野球のイチロー選手がバッターボックスで必ず決まったポーズをとることは有名ですね。テニスのラファエル・ナダル選手は、必ずサーブの前にパンツの食い込みを直し、髪の毛を耳にかけ、鼻を触り、ボールをつきます。ラグビーワールドカップ２０１５の五郎丸選手のポーズもルーティンです。

このように**ルーティンを行うことで、脳が行動の準備を始め、自然と集中力を高めます。**勉強や仕事でも、自分の集中力が上がるルーティンを習慣化しておきましょう。

仕事の前に必ずコーヒーを飲むというのもルーティンのひとつです。脳がコーヒーを飲むことで仕事モードに切り替わるのです。

医師は、手術の前に手洗いを行います。もちろん、雑菌や感染を減らすことが主な目的ですが、それだけでありません。手術の前にこうして決められた動作を行うことで、私たち医師の脳が手術モードに切り替わり、集中力が高まるのです。

ルーティンと同じように、成果を上げるマインドセットを作ることも大切です。

私は、ものすごく集中できて、次々とアイデアやクリエイティブな仕事ができたときのやり方を再現するようにしています。

例えば、クリエイティブな発想を生み出す必要があるときには、パソコンを使わず、白くて大きな紙に手書きをします。そうすることで、パソコンのモニターという制限を取り払い、クリエイティブになれるのです。実際、そうやって良いアイデアを発想することができた経験があり、それ以来そうしているわけです。論文のあらすじを考えたり、新しい事業を想像したりするときも、私にはこの方法が適しているようです。

他にも、姿勢や環境そのものを変えてしまう方法があります。

POINT

自分の集中力が上がるルーティンを習慣化する

私は天井の高いところや、解放されたオシャレなカフェでクリエイティブな思考や考えが呼び起こされることがよくあります。カフェで聴く音楽は創造性を高めるという研究もあります。一方で、ヘッドフォンをつけて音楽を聴いたり、個室で勉強したりすると、集中力を高めたい際、物理的に感覚を鋭くできるでしょう。

私は音楽が好きなので、仕事によってBGMを使い分けています。テンションやモチベーションを高めたいときはクラブミュージックを、集中したいときはカフェで流れるようなジャズやクラシックを、リラックスしたいときは懐かしい邦楽を聴くようにしています。特に昔からファンのミスターチルドレンを聴くと、リラックスして、いいアイデアが浮かびます。

このように、自分の集中力が高まるルーティンを意識して導入することが大切です。集中したいときに使うルーティンやマインドセットを作りましょう。**決まった動作を行うことが、集中力を高め、勉強や目標達成を効率化させます。**

19 マルチタスクを制限する

マルチタスクとは、「コンピュータが一度に複数の仕事をすること」に由来して、複数の仕事や作業を同時にこなすことを指します。

上手にマルチタスクができれば、時間の短縮や効率化ができると考えられていますが、私はあまりおすすめしません。それは、業務を切り替えるたびに、集中力をピークに高めるための時間をロスしてしまうからです。

もちろん、人間の集中力の継続には限界がありますから、集中力が途切れたときに別の仕事をこなすことには賛成です。しかし、**より集中力が必要で創造性が高い業務の場合は、マルチタスクはうまくいかないことが多い**ように感じます。

メールのチェックや書類のサインといった、頭をあまり使わないことなら、マルチタスクでもうまくいくでしょう。しかし、論文の作成や本の執筆など高い集中力とクリエイティブな思考が求められる作業にマルチタスクは向きません。私はそのような仕事の場合は、2時間ならば2時間と決めて、その間はひとつの仕事に集中できる環境を確保するようにしています。

マルチタスクの弊害は生活の中でも明らかです。

ご存じのとおり、車の運転中の携帯電話の使用は道路交通法で禁止になりました。また、メールや電話によって集中力が低下したときのビジネスマンのIQは、マリファナを吸引したときと同じくらいに低下していることが研究で分かっています。

MRIでマルチタスク中の脳の血流量を調べた実験では、マルチタスクによって業務をスイッチするときに、前頭葉の血流量がいつも以上に上昇することが分かっています。つまり、この血流量の増加がボトルネックとなり、結果的に脳の負担が増し、作業スピードが遅くなると考えられています。


私は勉強する際には、まずトリアージし優先度を決定します。その後、その上位20%に対し、優先度の高い順番にベストをつくしていきます。**ポイントは、必ずひとつずつ集中していくことです。**机の上やパソコンの中の書類もひとつのタスクに絞り、雑音を極力排除します。もし、途中でメールやSNSを見たくなった場合は、「待てよ、この仕事が終わってからにしよう」と、一呼吸おいて言い聞かせるようにしています。

POINT

勉強や仕事の種類により、マルチタスクとシングルタスクを使い分ける

マルチタスクは効率性をアップしているのではなく、実際は作業スピードの低下やミスの誘発をしてしまっている可能性があります。集中力や想像力が必要な仕事や勉強の場合には、マルチタスクの手法をとるのではなく、シングルタスクを心がけるようにしましょう。

ただし、マルチタスクは使い方によっては時間の節約にもなります。早朝の朝食ミーティングやランチミーティング、夜の会食、移動時間中のメール返信などです。食事をとる際には集中力を使いませんから、会話に集中することができますし、移動中に集中力は不要ですから、メールや読書に集中することができます。

このようにして時間に厚みを持たせる作用がマルチタスクにはあります。しかし、勉強のように集中力が必要な場合は、シングルタスクを心がけましょう。

20 集中できるバイオリズムを理解する

「試験の日が迫ってくるまでは、なかなか勉強する気が起きない」
「締め切りが近づかないと、エンジンがかからない」
これは誰にでもあることです。そして実際、「試験まであと1週間」「レポートの提出期限が明日」などと追い詰められてはじめて、集中して必死に勉強した経験が、皆さんにもあるのではないでしょうか。

もちろん、予定をきちんと立てて、逆算的に足りないところを埋めるように勉強するほうが効率も良く、実力が身につきます。しかし、**自分の「心の締め切り」を正確に把握する**ことも重要です。

例えば、私は試験3日前になると集中力が増して、3日間はぶっ続けでも勉強ができるようになります。いつも3日前になるとこの状態になりますので、自分の勉強計画を立てる際には「心の締め切り」を加味して考えます。しかし逆にいえば、私は試験日が近づかないと集中力をマックスにすることができません。

POINT

自分の力が最も発揮されるのは
いつ、どのような状態のときかを正確に把握する

ですから私は、**同時にいくつかの目標や仕事を持つ**ようにしています。たくさんの目標や仕事があれば、次々と締め切りがやってきます。そうすることで、集中力の高い状態を常にキープするのです。

もちろん、同時期にたくさんの締め切りが重なるような設定はあまりおすすめできません。それは前述のとおり、マルチタスクは集中力を下げるからです。

締切りが近くなると集中力が上がるのは、医学的にいえばノルアドレナリンという交感神経ホルモンが分泌されるからです。交感神経優位になると集中力が上がります。

締切りにいつも間に合わない、試験勉強が終わらないという人は、自分の「心の締切り」を正確に把握できていないのです。集中力が高まる時期がいつなのかを正確に理解していれば、試験勉強や仕事の予定を上手に設計することができるようになります。

勉強は、少しくらい忙しいときのほうがはかどります。いくつかの仕事や目標をパラレルに持つことで、集中力を継続させることができるのです。

21 テストステロンで集中力を高める

集中力や記憶力が上がるホルモンとして、男性ホルモンとしても有名なテストステロンがあります。テストステロンが減少すると認知機能が維持できなくなったり、モチベーションが下がったりしてしまう場合があります。

このテストステロンは、自信を与えるポーズをとることで分泌を増加させることができると言われています。

私は重要な面接や会議の前には鏡の前で数分間気合をいれたポージングをするようにしています。そうすることで、テストステロンの分泌を促し、集中力を高く保つことができるからです。

私もMBAの面接試験前には、少し早く試験会場に到着して、トイレの鏡の前でガッツポーズをした自分を自分で眺めていました（笑）

自信を高めるポーズを普段から意識的にとるように心がけましょう。プレゼンテーションでは、大きな身振り手振りを交えることで、内容以上の評価を得られることもあります。

勉強するときは、人に見られていることを意識するように、姿勢を良くして勉強してください。そうすることで、記憶力と集中力が高まります。

カフェで勉強すると集中できるという人がいますが、それはこの作用によるものでしょう。

POINT

自分の自信が高まるポーズを持っておく

22 期限を設ける

目標を延ばし延ばしにして勉強していると、つい甘えが出て、また来年、また来年と先送りにしてしまいがちです。資格試験のように毎年行われている試験であればなおさらです。

そこで、**短期に集中して勉強する**ということが大切になります。

私の場合、ビジネススクールへの受験勉強は、渡米してから半年ほどしか時間がありませんでした。

研究で留学する期間は長くても3年間と自分で決めていましたので、留学した初年度にビジネススクールに合格できないと、卒業までに2年間かかるビジネススクールを卒業できなくなってしまいます。そのため、どうしても留学の初年度に合格する必要がありました。

もうこの機会を逃すと、米国でのMBA取得という目標はかなわなくなる。そんな危機感のもとに、私は短期決戦で集中して英語の勉強をし、エッセーを作り、インタビューの練習をしました。

このように、**期限を設けて勉強するということは、集中力をアップさせます。**

受験や資格試験の勉強は、設定期間を短くして、短期集中でクリアしましょう。

POINT

短期決戦が合格のコツ

23 眠気をコントロールする

私は午前中の頭のスッキリした時間が最も作業効率が良く、仕事もはかどります。一方、昼食後は眠くなってしまい、仕事が思うようにはかどりません。

どうすれば、この昼食後の眠気を排除して、勉強や仕事の効率を高めることができるのでしょうか？

ここだけの話、ハーバード大学での研究生活で、**私はいつもランチを少し遅い時間にとるようにしていました。それは、午前中の一番集中できる時間を物理的に長くするためです。**さらに、炭水化物の摂取を少なめにすることで、食後に眠くなることを防いでいました。また、食後にはあまり頭を使わない実験を計画するようにしていました。

ここで、食事と記憶についての医学的な見解を説明しましょう。

食後の眠気の原因は主に2つあります。ひとつは食べ物を消化するために血液が消化器官へと集中し、脳への血液循環が減ることによるものです。

もうひとつは、食後の低血糖です。低血糖とは、血中にブドウ糖が不足している状態

POINT

炭水化物をとる前に、まず野菜を

のことです。ブドウ糖は脳の活動に必要不可欠な成分ですので、低血糖では脳の活動が低下し、眠くなります。食事をとると血糖値が上昇するため、インスリンという血糖値を下げるホルモンが過剰に分泌され、その結果として低血糖になってしまうのです。

食後に血糖値が上昇する原因は、炭水化物に含まれる糖質が急激に体内で消化、分解され、ブドウ糖に変化してしまうからです。そこで、**昼食において炭水化物のとり方に注意すれば、食後のインスリンの分泌を調節することができます。**

カレーライスやラーメン、菓子パン、うどんなどのように炭水化物のみを摂取するのではなく、その前に、必ず野菜をとるよう心がけましょう。野菜を最初に摂取することで、血糖値の上昇を緩やかにすることができます。また、ラーメンライスやうどんとおにぎりのような**炭水化物の二重摂取も、血糖値を上げる原因になるので要注意**です。

仕事の効率を上げるためには、コンディションを整える必要があります。血糖値を意識した食事を心がけることで、食後の眠気を予防し、1日の生産量が上がる生活リズムを作ることが、大きな成果を生む秘訣です。

24 健康管理を徹底する

①気持ちのブレをなくす

誰でも多かれ少なかれ、やる気の出る日と出ない日がありますよね。そのように、気持ちの「ブレ」は常につきまとう問題です。しかし、大きな目標に挑戦するためには、このブレが邪魔になるということを、いち早く認識する必要があります。

このような気持ちのブレを起こさないよう、私は常に注意しています。なぜなら、一度でもやる気のない日を過ごすと、その遅れを取り戻すのに倍以上の時間がかかったり、その日を境にやる気を失ったりする可能性があるからです。それでは、せっかく立てた目標も効率的に達成することはできません。

ポイントは、**「他人の評価に一喜一憂しない」**ということです。多くの人は、周囲からの評価がやる気に影響しがちです。しかし、他人の評価は時間とともに移り変わっていきます。ピカソのように生前に評価をされた人もいれば、ゴッホのように死後に評価された人もいます。他人の評価は移ろいやすいもの。惑わされないようにしましょう。

一方で、自分の感情の変化には敏感でいることです。私は業務がオーバーワーク気味で疲れているなと感じたときは、無理をしすぎないようにしています。無理をして頑張っても、体が疲れていたら効率が悪いからです。

そんなとき私は、思い切って早く寝ます。そして翌朝早く起きて仕事をしたり、2時間だけ趣味のテニスをやったりするなどして、気分転換を図るようにしています。そうすることで、自分の気持ちのブレをコントロールすることができます。

勉強を継続的に行うためには、気持ちのブレをなくしましょう。

②優秀な人ほど残業しない

根を詰めて勉強をした結果、かえって体調が悪くなり、勉強する時間を確保できなくなってしまった……。このような経験は誰にでもあると思います。

ハーバードのラボでは優秀な人ほど決まった時間に帰っていきます。

日によって午前様になったり、早く帰ったりするようなばらつきはなく「一定」です。いつも尊敬していた同僚は、夜の23時には必ず帰っていました。私はその後もセコセコ仕事をしていたのですが、そんな頑張りは永遠に続くわけではなく、たまに体調を崩してしまいました。

長期的に成果を出し続けるには、体調管理が大切です。**いつまでもだらだらと勉強するのではなく、集中して期限を決めて行ったほうが良い成果が出るのは明らかです。**

このように体の健康とココロの健康のバランスを保ち、日によってブレが出ないようにするのが、勉強で継続性を保つために重要です。

③休暇はしっかり計画的にとる

勉強や仕事のできる人は十中八九、遊ぶのも上手です。勉強や仕事をスムーズにこなすためには、ストレスをうまく発散し、時間軸の中にメリハリをつけることが大切です。だらだらと勉強したり仕事をしたりするのでは、効率も上がらないばかりか、遊ぶ時間もなくなってしまうものです。

ビジネススクールやハーバードの同僚は、神業のようにオフのとり方が上手でした。ビジネススクールの同僚は試験の翌日から海外旅行の予定を入れていましたし、ハーバードのラボの研究員は論文を提出した直後に休みをとっていました。

というのも、論文には査読という第三者による評価のシステムがあり、論文を提出してから1~2ヶ月は待っていなければいけません。論文が提出できる時期を事前に把握し、完璧なタイミングで休みをとっているのです。

POINT

オンとオフのメリハリが上手な人は、仕事も勉強も遊びも両立できる

これは、十分なスケジューリング管理能力がなければできません。もし、予定が狂えば、旅行の予定ももちろんずれてしまいます。しかし、論文を提出して、オフをきちんとることができれば、その期間は仕事がないことが分かっていますから、メールチェックにもビクビクせず、堂々と羽を伸ばすことができます。

このようにメリハリが上手な人は、仕事も勉強も遊びも両立することができ、その良循環を回せるようになります。あなたもメリハリを意識して行うことで、精神的な疲れと肉体的な疲れを持ち越さないようにしましょう。

25 意識して清掃の時間をつくる

普段から、私は帰るときに、職場のデスクを必ずきれいに清掃することに決めています。そうすることで、次の日に職場に来たときにモチベーションを上げて朝の大切な時間に全力で取り組めるからです。

ここで大切なのは、**「意識して清掃のための時間を確保しておく」**ことです。日頃から習慣化して、日常業務に取り込んでしまうことをおすすめします。

ハーバード大学の研究室でも毎月清掃の日を決めることで、研究室を清潔に保ち、生産性と創造性をブラッシュアップしています。その結果、仕事や勉強の効率が上がり、清掃することで消費した時間の浪費を結果が上回ります。

「試験の前日には掃除をしたくなる」

これはよく聞く話です。試験直前に掃除をするのは時間の浪費ですが、試験勉強を始める前に掃除をするということには、実はきれいな環境は集中力を高める効果があります。

清掃にはこの他にもメリットがあります。それは**やり忘れた勉強や取りこぼした仕事を見つけることができる**ことです。

デスク回りの清掃をすれば、やり残した書類が、パソコンの中身を清掃すれば、パソコンの中の返信し忘れたメールや締め切りの近づいたタスクに気づき、トラブルを未然に防ぐことができます。試験勉強でも、清掃を心がけることでやり残した範囲を見つけ出すことができるかもしれません。

このように清掃はいつもと違った状態に気づき、問題を発見することができるチャンスです。清掃の時間をムダではなく効率を上げるための有効な時間と捉えることが大切です。

POINT

清掃はいつもと違った状態に気づき、問題を発見できるチャンス

26 10%の時間は「意識的に」新しいことに使う

グーグルの有名な「70／20／10」ルールをご存じでしょうか。

勤務時間のうち、70%をコアビジネス（グーグルなら検索や広告システム）に、20%をコアビジネスの延長（グーグルならGmailなど）に、残りの10%を全く新しいプロジェクトに、それぞれ使うというものです。

グーグルでは、仕事の割合をこの比率に保つことで柔軟性と融通性が生まれ、常に新しいアイデアや戦略が生み出されるといいます。

それでは、どのようにして「10%」の時間を確保すればいいのでしょうか？

もちろん本業を疎かにはできません。グーグルは勤務の10%をその時間に充当するように会社として奨励していますが、私たちはなかなかグーグルのようにはいきませんから、**ムダを減らし、意識的に10%の時間を本業以外に確保する**しかありません。

週40時間労働とすると、10%＝4時間になります。これを週5日で割ると、1日48分になります。この程度の時間を、本業以外の新しい分野に充当するのです。

POINT

革新的なアイデアは10％の時間から浮かんでくる

1日1時間弱であれば、スキマ時間を有効利用すれば十分に捻出可能ではないでしょうか。大切なのは、本業以外の物事に目を向けることです。

あなたの仕事が金融であれば、医療の世界に関する本を読んでみてもいいかもしれません。私は眼科の論文だけでなく、他の科学に関する論文や、ビジネスやテクノロジーなどのケーススタディを読んだりしています。いつもビジネス書しか読まない人は、文芸書や歴史の読み物に挑戦してもいいと思います。

他には、10％の時間を本業以外の人と過ごしましょう。週に1回くらいを目安に、業界の異なる人と食事やお茶を共にすることで、効率的に他の業界の動向を吸収することができます。家族がいて外食に時間をさけないのであれば、昼食を他の部署の人ととるだけでも、ふだん目に入ってこない仕事の情報を知ることができます。

10％の時間を、いつもやらないことに費やすのもいいでしょう。新しいスポーツに挑戦すれば、そのスポーツに関するビジネスの構造を知ることができるかもしれません。

新しい分野に思いをめぐらすことは、時として億劫になりがちですが、10％の時間を「意識的に」本業以外のことに投資してみてください。そうすることで、既存の枠に囚われない新しいアイデアや人脈を構築することができるでしょう。

SUMMARY 2

11 時間管理を適切に行う

12 複利の考え方を時間管理に取り入れる

13 トリアージして優先順位を決定する

14 成果を出すために、時間の使い方を見なおす

15 スキマ時間を活用する

16 週末にまとめて勉強しない

17 ディストラクションタイムを減らす

18 集中してしまうルーティンをつくる

19 マルチタスクを制限する

20 集中できるバイオリズムを理解する

21 テストステロンで集中力を高める

22 期限を設ける

23 眠気をコントロールする

24 健康管理を徹底する

25 意識して清掃の時間をつくる

26 10%の時間は「意識的に」新しいことに使う

INTERVIEW1

世界に挑戦する人へのインタビュー1

順天堂大学医学部心臓血管外科教授

天野篤氏

日本屈指の心臓血管外科医であり、オフポンプ冠動脈バイパス置換術の第一人者の順天堂大学心臓血管外科の天野篤教授に、自らの挑戦方法についてお話を伺いました。

——天野教授は、どのようにして世界一の心臓血管外科医になったのでしょうか?

「私は手術のムダをなくすことに徹底的に取り組んできました。事前の画像診断を丁寧に行うことで、手術の計画を精密に行い、手術時間の短縮につなげていきます。そのため、以前は侵襲が強すぎてできなかったご年配の方にも手術の機会が広がりました。そのようにしてムダをなくすことにこだわってきた結果、より多くの患者様に貢献できるようになり、手術の技術もレベルアップしていきました」

――ムダを徹底的に省き、手術のプロセスを一定化することで、難易度の高い症例でも、その難しい技術が要求される手技に集中して取り組めるということですね。それでは、天野教授にとってブレークスルーとは何だったのでしょうか？

「これは今までのトレーニングの裏づけにすぎないのですが、自分が経験したことのないような症例の手術でも、躊躇なく進むことができるようになったときです。自分が手術しているのに、まるで手術をしているのが自分でないような感覚。

もうひとつは、撤退する判断力を身につけたときです。攻めと守りの感覚。見切りができるようになったときに、ひと皮むけたと感じました」

――心臓血管外科はとても忙しく、プライベートや自己投資の時間をとることは難しいと思います。どのように時間管理されているのでしょうか？

「プライオリティーをつけて、そのときの優先順位によって予定を変えています。一方で、医師として一般教養も身につけないといけませんから、仕事では手にしないような書籍を意識的に読むようにしています。なぜなら、それを知らないことで患者様を知らず知らずのうちに悲しませたり、不愉快な思いをさせたりすることもあるからです。

もちろん心臓血管外科はとても忙しく、まとまった時間を確保することはなかなか難しいのですが、そんなときでも周辺環境を整えることで不可能を可能にしてきました。**医学を知っているだけでは、患者様の気持ちに本当の意味で寄り添**

うことはできないと思うのです」

――成長し続ける秘訣を教えてください。

「矛盾を作らないことです。そうすれば周りがサポートしてくれますから、さらに成長していくことができます。また、つながりを大切にし、自分だけ良い思いをするのではなく、組織にも、身の回りの環境にも、良い影響を与えるように努めています。そうすることで、最終的には自分に返ってきます。コツコツと組織や仲間への貢献を続けていくことが私の今の使命だと思っています」

――最後に、天野先生が今挑戦していることを教えてください。

「早い、安い、巧い、手術です。最適なタイミングで、ムダを減らして、最高の医療を提供できるようにしたい。そこでは、長期的なアウトカムを中心に考えます。経験を合理化して、よりクオリティの高い医療を提供する。そこには必ずしもハイエンドにする必要はないということに気がつきました。

最近インドで手術の見学をしてきました。日本でバイパス手術にかかる費用は約300万円なのに対し、インドでは約8万円。8万円なら、治った後に働いてその分を稼ぐのは簡単です。しかし、300万円を稼ぐのは大変なことです。安かろう、悪かろうの時代はとうの昔に終焉を迎えています。すべての人が受けることができる、早い、安い、巧い医療を提供していきたいと思っています」

天野篤氏 略歴

順天堂大学医学部心臓血管外科教授。1955年埼玉県蓮田市生まれ。1983年日本大学医学部卒業。NTT東日本関東病院で臨床研修ののち、亀田総合病院研修医。1989年同心臓血管外科医長。1991年新東京病院心臓血管外科部長。1997年新東京病院での年間手術症例数が493例となり、冠動脈バイパス術手術の症例数で日本一となる。2001年4月昭和大学横浜市北部病院循環器センター長、教授を経て、2002年7月より現職。2012年2月東京大学医学部附属病院で行われた天皇陛下の冠動脈バイパス術を執刀。趣味はゴルフ、テニス。

PART 3
結果を出す人の
勉強の技術

忙しい仕事のなかで競争優位を保ち、成果を出すには、頭の良し悪しや能力のあるなしよりも、勉強の仕方や時間の使い方がポイントになります。

しかし、勉強法や勉強の技術といったものは学校ではなかなか教わることができません。そしてその大半は自己流で行われていることに注意が必要です。「自己流の勉強法がたまたまうまくいったために、良い業績を出すことができた」というのがほとんどなのではないでしょうか。決してそれは悪いことではありません。しかし、様々な本を読んだり、身の回りの先輩の体験談を聞いたりするなかで、そこから自分に合った勉強の技術を学びとっていければ、頭の良し悪しとは関係なく、大きな成果を出すことができるようになるのです。

本章では、ＬＥＡＮという考え方をもとにした、生活の中のムダをなくし、自分の時間とエネルギーを効率良く配分し、重要な仕事や勉強で最大限の成果を上げるための勉強法を紹介していきます。

今までのやり方、自分のやり方に固執するのではなく、本章で学んだことをぜひ試してほしいと思います。勉強で大きな成果を出す人は新しい習慣を受け入れる余裕があります。成績や業績が伸び悩んでいるときこそ、新しい習慣や方法にチャレンジしてください。新しいことにチャレンジする敷居を低く保つことは、大きな成果を得るための重要なファクターです。

27 「LEAN」の考え方を勉強に取り入れる

LEAN勉強法①

私はどんなに忙しくても、友人の誘いを断ったり、新しいことへのチャレンジを断念したりしたことはありません。中学生から始めた趣味のテニスも、今に至るまで21年間継続しています。医師になってからも、博士課程の論文の執筆、眼科専門医試験の勉強、海外留学の準備などを両立させてきました。

こうした私の両立癖は、実は今に始まったことではありません。医学生のときは、テニスは医学部のみならず、体育学部にも所属し、毎日練習していました。しかし、それを理由に勉強に手を抜いたことはありません。練習の後にこっそりと図書館に行って勉強していたものです。大学院の成績はGPAで3・8、テニスは東日本医科学生総合体育大会優勝、インカレ（全日本学生選手権大会）に出場できました。

そうやって物事を両立していくなかで、常に心がけていることがひとつあります。それは、**「ムダ」を極力省き、効率を良くすることで、時間を作り出す**ということです。この「ムダ」を省き、効率を良くする考え方を「LEAN」と呼びます。

ＬＥＡＮ（リーン）とは、トヨタ自動車が考えだした生産過程における効率を良くする考え方です。米国のボストンにあるＭＩＴ（マサチューセッツ工科大学）の専門家がつけた呼び名がＬＥＡＮという言葉で、ムダをなくし、業務を「カイゼン」する方法を意味します。ＬＥＡＮは製造業から生まれた考え方ですが、その思考法の本質は、モノの見方や考え方、行動の仕方にあります。

そして、このＬＥＡＮという考え方に私独自のエッセンスを加えて、勉強法に応用したのが、**LEAN勉強法**です。

ＬＥＡＮ勉強法は大きく分けて、５つの概念から構成されます（次ページ図）。

①「目標を視える化」し、「やるべきこと」と「やらないこと」を明らかにする
②「ムダを省き」時間を捻出し、やるべきことにフォーカスする
③「カイゼン」を繰り返し、プロセスを磨き上げる
④そのプロセスを「習慣化」する
⑤長期的な展望を見据えながらも「小さな勝利」を意識し、モチベーションを高く保ち、LEANの良循環を継続していく

これらを本質的に理解し、その環境を整備することがＬＥＡＮ勉強法であり、効率的

LEAN勉強法5つのポイント

に最大限の成果を上げるために重要です。

勉強や仕事に大切なのは効率です。とりわけ、仕事や研究、あるいは家事や育児などと、新しい知識を習得するための勉強とを両立するには、効率的なやり方を身につける必要があります。しかし、そうした効率的な勉強法や時間術は、学校ではなかなか教わることはありません。

LEAN勉強法の枠組みを用いることで、**生活の中のムダをなくし、自分の時間とエネルギーを効率良く配分し、重要な仕事や勉強で最大限の成果を上げる**ことができるようになります。

忙しいなかで競争優位を保ち、成果を出すためには、頭の良し悪しや能力のあるなしよりも、勉強の仕方や時間の使い方がポイントになります。

LEAN勉強法は、世界に挑戦するうえできわめて有用なフレームワークであり、私のような医者に限らず、日々の忙しい仕事の中でキャリアアップを目指すビジネスパーソンの方々にも応用できるものと自負しています。

LEAN勉強法のキモは、自分の目標に向かって主体性を持って問題を見つけ、計画を立案し、きちんと実行することにあります。その結果、自分自身の習慣のカイゼンを通して、知恵を出す能力や改善力を育て、時間を作り出し、生産性を上げ、競争優位を生み出していくことができるのです。

まずは「試しにやってみる」

LEAN勉強法においてまず大切なのは、「試しにやってみる」ことです。

現代は変化が早く、停滞することは後退と同じ。企業も人も、日々変化し続けなければ、競争優位を勝ち得ることはできません。私たちは**変化を通して成長することに慣れる必要がある**のです。そのためにも、まずは何事も実践してみることです。

私は人から教えてもらったことや、見ていて良いなと思った習慣は、必ず一度試しにやってみることにしています。ビジネス書を読んで、良いと思える考え方があれば取り入れてみますし、新しいデバイスの使い方や情報管理方法などが紹介されていたら、一度は試してみます。そのうえで、自分に合う合わないを判断し、取捨選択しています。そうすることで、自分の習慣を少しずつカイゼンすることができます。

カイゼンは決して特別なことではなく、日常生活のちょっとした気づきや思いつきから生まれてきます。

LEAN勉強法を実践することで、カイゼンの具体的なプロセスを身につけ、それを継続することが、目標を達成し世界へ挑戦するための近道です。

POINT

成果を出すポイントは、能力の有無よりも勉強の仕方や時間の使い方

28 目標やタスクを視える化する LEAN勉強法②

LEAN勉強法では、ムダを省き、すべきことに集中するために、**「目標やタスクを可視化させる」**ことを重要視します。

目標を視える化することで、自分の中のやるべきことやタスクが整理され、それに対する認識が深まります。その結果、これをなんとか達成したいというモチベーションが生まれます。そうすれば行動に移すのは簡単です。

さらに、人間は誰でも他人に良く思われたい生き物ですから、可視化させることによって、〝さぼれない状況〟が必然的にできあがります。自分の目標を周りの人にも明らかにしておくことで、コラボレーターから声をかけてもらう可能性も上がりますし、同じような目標を持っている仲間と切瑳琢磨することができます。

大切なのは、自分の中でこの一連を定着させ、そのサイクルを継続して回していくことです。そうすることで、自然と多くの目標を実現させることができます。

このように、目標を効率よく達成させるために、自分だけでなく、誰が見ても分かるように、自分の目標やタスクを視える化させましょう。

目標を視える化し、定位置化する

目標を視える化したら、今度は、目標を定位置に置き、すぐ見ることができるようにしましょう。**自分の設定した目標やタスクを決まった場所に明示しておくことで、すぐに確認することができ、効率性と継続性が生まれます。**

私は10年分の目標を手帳に、毎日のやるべき仕事や目標はスマートフォンに保存しています。

たとえ自分が決めた目標であっても、人は日々の仕事や生活の中で忘れてしまったり、曖昧になったりしてしまいます。ですから、目標を視える化し、定位置化することで、いつでも自分のすべきことを確認できるようにして、ムダなことに時間を割くことのない環境を整備しましょう。

私が10年分の目標をあえて手帳に記載しているのには理由があります。それは、パソコンやスマートフォンは便利ですが、古いデータは自らの意思で検索したり、さかのぼってみたりしないかぎり、見ることができないからです。

POINT

目標を視える化して、いつでも自分のすべきことを確認できるようにする

データの山は奥深くに埋もれていってしまいます。しかし、手帳は簡単に見ることができ、前年度の目標との比較も容易に可能です。

そして、私は毎年、年末年始に10年分の目標をアップデートしています。この紙に書いて保存するというのは自分の考えを整理するうえでも大切なポイントですのでぜひおすすめします。

目標を視える化し、定位置化する具体的な方法としては、**10年分の目標を立てることと、PART1の5項でも述べたように、履歴書を定期的に更新すること**をおすすめします。10年分の目標で長期の視野を、履歴書の更新で短期的な成長を自ら把握するのです。

29 リップルエフェクトでモチベーションを高める

視える化した目標をより達成に近づけるには、リップルエフェクト（Ripple Effect）という考え方が有効です。

リップルエフェクトとは、液面に小石が落ちた際に見える波紋が広がっていく様子を指し、日本語では「波及効果」と訳されます。

あなたがフェイスブックで、友人たちの前でひとたび目標を宣言したとしましょう。それに友人が「いいね！」をしてくれれば、そのまた友人に連鎖的にあなたの目標は拡散されていきます。この波及効果によって、あなたの設定した目標が拡散されていくので、その目標を達成するためのモチベーションをより高めることができるでしょう。

2014年にはALS（筋萎縮性側索硬化症）を支援するアイスバケッチャレンジがフェイスブックやツイッターで急速に広まり、ソーシャルネットワーキングサービス（以下、SNS）の爆発的な拡散力が再認識されました。このようにSNSを用いたリップルエフェクトは大きな波及効果を持ちます。

目標達成とリップルエフェクト

自分の目標や取り組んでいることを
「視える化」する

▼

リップルエフェクトによって
効率的に拡散させる

▼

それに興味を持ってくれた人が
連鎖的にネットワーク化される

POINT

目標を対外的にも「視える化」することには、様々なメリットがある

こうして、あなたが何を目標として取り組んでいるかが周知されればされるほど、あなたのところにはいろいろな仕事や出会いが舞い込んでくるはずです。

フェイスブックのほかにも、プロフェッショナル向けのリンクトイン（LinkedIn）というSNSを用いて、あなたのやっていることや、興味のあることを視える化することで、通常では得ることができない情報を得ることができます。

実際に、私はブログやリンクトインからたくさんの貴重な出会いを経験することができています。例えば、リンクトインから眼科に関係する新規薬剤の調査の話をいただいたり、私が運営する一般社団法人JGMS（Japan Global Medical Career Support）への協賛のご連絡をいただいたりしたこともあります。

こうして、前ページの図に示したような循環を作りだすことができれば、しめたものです。

リップルエフェクトによって、自分自身のモチベーションアップと、通常では得ることのできないネックワーキング機能を手にすることができるのです。

30 完璧を目指しすぎない

仕事や勉強で常に完璧を求めている人をときどき見かけます。
もちろん最終的には完璧を目指すべきです。しかし、仕事ではじめから完璧であることにこだわっていると、分からないところで行き詰まったり、ミスの修正やイメージの違いなどを直す時間が必要以上にかかって、結果的になかなか進まなくなったりします。

そこで、私がいつも意識しているのは**「まずは80％を目指して取り組むこと」**です。そのほうが、最終段階にさしかかって上司からダメ出しが入った際にも修正可能です。
もし、最初から（自分の思う）１００％に近づけていたら、上司からＮＧが出たとき、「なんでもっと早く相談しないんだ！」と怒られるうえ、修正に多くの時間を取られてしまいます。

勉強でも、完璧を目指しすぎて、試験範囲がすべて終わらないまま試験当日を迎えた経験がある人もいるのではないでしょうか？

POINT

完成度よりもスピード感

私は、まずは覚えられなくても良いので、試験範囲をひとまずざっと終わらせます。その後で、苦手な部分や重要な部分を重点的に復習するようにしています。勉強しなければいけない総量をいったん把握することで、ムダを省き、効率的な勉強ができるようになります。もし、試験前に時間の余裕ができたら、さらに高得点を目指して勉強を追加すれば良いだけです。**完璧を目指すのではなく、まず、ざっとひととおり目を通してしまう**ことが重要です。

はじめから完璧を意識するのではなく、段階的に100％の結果を目指すようにしましょう。まずは80％を目標として、スピード感を持って目標を達成していくことで、ムダな時間を省き、効率が上がります。

そして、この際には必ず進歩を意識して取り組みます。小さな進歩の積み重ねはモチベーションを高めてくれますので、さらにいい成果を生むことができます。

31 過去問と教科書を効率的に勉強する

勉強において、試験を切り離して考えることはできません。私は医師になるうえで必要だった医師国家試験や専門医試験など、多くの試験を経験してきました。そこで得た試験の勉強のコツをお伝えしましょう。

試験勉強をするときには、**まず過去問から解き始めます**。それは、問題の傾向や雰囲気を確認するという意味もありますが、試験に出題されている問題には重要な内容が含まれていることが多いからです。

自分が試験を作る立場になれば分かると思いますが、試験では、覚えてほしいところや、大切なエッセンスと呼ばれる部分を多く出題します。過去問で同じような問題が出題されているのはそのためです。

ですから、まずは過去問を数年分解いて、出題されている部分を重点的に勉強してしまうほうが効率的です。そして、その範囲を少しずつ広げていくようにして、知識の幅を広げていきます。さらに過去問を解くことで、自分にどのような知識が足りないのかを効率的に確認することができます。

過去問を最低3年分、時間があれば5年分は解くようにしましょう。

3〜5年分も過去問を解けば、試験範囲の最も重要なエッセンスは網羅することができるでしょう。過去問を解いて、分からないところを教科書で理解する。そして、自力で過去問を解けるようになるまで反復することが試験に効率良く受かるコツです。

過去問は、自分の理解が足りていない問題に重点的に時間を投資する

過去問を解くときの私のやり方をお教えします。1回目で解けた問題には◯印を、なんとなく解けた問題には△印を、間違った問題には×印をつけます。

そして、復習するときは◯の問題を飛ばしてしまいましょう。1回目は分からなければ解答をすぐ見てしまってもかまいません。2回目では△や×印のついている問題をまず自力で解いてみます。そこでも再度間違えてしまった場合は2つめの×印をつけ、この時点で解ければ、×印の上に◯印をつけます。3回目では×印が2つあるところだけ重点的に問題を解きます。

ここまでくれば、×が増えることは少なくなってくるでしょう。4回目も同様のプロセスを繰り返します。

こうして、もし時間があれば、全部の問題をすべて解き直します。この5回目は短時間で解き終えることができるでしょう。このように、自分の理解が足りていない問題に時間を効率的に投資することで、勉強のプロセスが改善します。

教科書は、王道と呼ばれる本を徹底的に理解する

はじめから過去問を解くことは、知識が十分にないので最初はとても苦労します。しかし、1回目を終えると、試験範囲の重要な部分を理解することができるようになり、教科書を読む効率もカイゼンします。

試験範囲を最初から順番に勉強しないと気が済まない人を、ときどき見かけます。しかしこの勉強法では、重要でないところとあまり重要でないところに同じ時間を投資しなければならず、効率が非常に悪くなります。**勉強のセンスとは、大切な部分を選択し、理解する能力なのです。**

POINT

時間を重点的に投資すべきは、「試験範囲の重要な部分」と「自分の理解が弱い部分」

また、教科書はあれこれといろいろな本に手を出すことはやめましょう。王道と呼ばれる本を購入し、ひたすらその本を徹底的に勉強しましょう。

たくさんの教科書を勉強しても、書いてある重要な部分は大体同じことが多いものです。せっかく大切な部分を覚えているのに、新しい本をまた買って、前に覚えた部分を重複して勉強するのは時間のムダです。

あれもこれもと手を出したのでは、ムダが多く、効率が悪くなります。教科書は教科ごとに1冊ずつ、確実に勉強するものに絞りましょう。

32 問題集は1ページ目から解かない

勉強に必要なのは優先順位です。分かっているところを何度も勉強しても、意味がありません。忙しい社会人は、重要な問題や自分の分からない問題を優先的に勉強する要領の良さが必要です。

優先順位を決定するためには、意思決定能力が欠かせません。

例えば、**私が問題集を解くときは、大切な部分から手をつけます。**1ページ目から順番に解いていくような方法はとりません。そして、一度解くことのできた問題は二度と解きません。

最初は1ページ目から解いてもいいのですが、その場合も、2回目は間違った場所のみを解き直す勇気を持ちましょう。

というのも、**何度も最初から解いていると、前半のページばかり繰り返してしまい、後半が手薄になりがち**です。模擬試験などで時間が余って解き直す場合も、途中から解いて、最初に戻るような勉強のほうが、すべての範囲を網羅できます。

POINT

重要な問題や苦手な部分を優先的に勉強する

はじめから解くのは、全く知識のない1回だけ。あとは、自分の苦手な部分を重点的にやりましょう。そうすれば、ムダな繰り返しを省くことができます。

33 蛍光マーカーを活用する

ここで蛍光マーカーについて考えてみましょう。勉強する際に使う人も多いでしょう。しかし一方で、蛍光マーカーを引くとその箇所にだけ目がいって、相互関係を把握できなくなってしまうので、勉強には向かないという人もいらっしゃるようです。

確かに**マーカーを引いただけでは覚えることはできません。しかし、集中力は上がります。**なんとなく本を読むよりも頭に入ってくるのはそのためです。

つまり、マーカーを使ってスキミングしているのです。

（スキミングとは、文章を読む際に、速読しながらその内容の重要な部分を効率良く拾いあげて、頭の中に入れていくことをいいます）

私は蛍光マーカーをバンバン引いて教科書を汚します。蛍光マーカーを引きながら教科書は大体2〜3回くらい読むのですが、1回目は黄色のマーカーを引きながら、重要な箇所をスキミングしていきます。その後過去問を解いたあと、ピンクのマーカーを使って再度勉強します。

マーカーを引きながら教科書を読むことで、重要な部分を効率良く頭に入れていく

2回マーカーで引かれたところはオレンジになりますから、2回とも大切と思った部分です。また、新しくピンクで追加されたところは、過去問を解いて新たに重要性を発見したところです。

こうすることで、重要な部分を集中して頭に入れていくことができます。

POINT

ブログを利用してアウトプット力を鍛える

一方で、試験において小論文や論文の執筆が必要となる場合があります。また仕事での提出書類などにおいても、私たちにとって「書く」能力は必要不可欠です。

このように、文章をアウトプットする能力を鍛える方法として、私はブログや日記を書くことをおすすめします。

記事自体は短くてもかまいません。しかし、必ず起承転結を意識して書くようにしてください。外に向けて記事を書くということは、それを読んでくださる人に分かりやすくする必要がありますから、論理的な思考を身につけることができます。

また、まとまった文章を書くには、自分でそのことについて十分に理解する必要がありますから、その過程で、物事を理解する力も磨くことができます。

もし、毎日ブログや日記を続ければ、1年も経てば相当の量の文章を書いたことになります。徐々にブログや日記を書く時間が効率化され、短時間で書けるようになります。

そしていつの間にか、文章のアウトプット力が上がります。

自分が理解した内容を自分なりの言葉でアウトプットする練習をする

私も2012年にハーバード大学に留学してからブログを始めました。今見直すと恥ずかしい記事も多いのですが、これを「他の人に見てもらい、フィードバックを受ける」ことが励みになりますし、文章力向上にも役立ちます。

また、フェイスブックに英語で記事を書けば、英語のライティングの練習にもなります。しかも、友人のリアクションを見れば、英語が通じているかも確認できます。

自分が理解した内容を自分なりの言葉でブログや日記に書くという作業は、非常に良いアウトプットの勉強になります。

突きつめていえば、論文にかぎらず、**試験は自分の学習してきたことをアウトプットする作業です**。勉強する際に、アウトプットは常に意識するようにしましょう。

POINT

TO DOリストは1日1回必ず手をつける

やるべきことをTO DO管理している方は多いと思います。

私もTO DOアプリにタスクを書き込んで管理していますが、多くの方が、書き込んだことで満足し、結局TO DOリストが溜まる一方になってしまっているようです。

TO DOを減らすコツ——それは、**TO DOの項目の内容を、毎日少しだけでいいから進める**ことです。気が乗らない日でも必ずTO DOに書いてあるタスクに手をつけるのです。

「論文を書く」というTO DOがあるとしましょう。論文執筆は時間のかかる難解な作業ですので、気が乗らない日もあるでしょう。しかし、とりあえずPCを開いて、1行か2行だけでも執筆します。そこまでやっても気が乗らなければ、そのTO DOは次の日に回してしまいます。

大切なことは、「少しでいいから手をつける」という感覚です。

POINT

TO DOリストは、「少しでいいから手をつける」

人は誰しも、取りかかる際に一番時間がかかるものです。勉強の予定をせっかく立てても、なかなかエンジンをかけるのは大変ですよね。なぜか心の踏ん切りがつかず、ダラダラとしてしまうことがあると思います。

そんなふうに気乗りがしないときも、「少しでいいから手をつける」のです。それが、スタートのハードルを下げるコツです。少しでも前倒しにして始めることで、勉強への取りかかりが早くなり、目標を効率良く達成できるようになります。

こうすれば、TO DOが実行されないままに山のように積み上がったり、TO DOに入れて安心して結局アウトプットが上がらなかったり、ということを防げるようになります。

36 FIFOメソッドでTO DO管理する

FIFOという言葉を聞いたことはありますか？　資産を評価する際に用いられる用語で、First in, First out（ファーストイン、ファーストアウト）の略です。「ファイフォ」と発音します。日本語に訳すと、**「先入れ先出し」**。会計学の考え方で、購入履歴の古いものから順に原価の計算や資産の計上を行う方法です。

私は勉強や目標の優先順位を整理する際にも、このFIFOを採用しています。ここでいう**「先入れ先出しの法則」とは、すなわち、手持ちの在庫が溜まらないようにする仕組みです。**

仕事が溜まらない仕組みを作れば、インプットとアウトプットの間隔を詰めやすく、結果的にスピードアップにつながります。このような環境がいくつもの仕事や目標を同時に達成しやすくします。

TO DOリストではタスクの横に必ず、タスクの発生した期日とその締め切りの日程を記載し、「整頓」しておきます。

TO DO は「先入れ先出しの法則」で管理

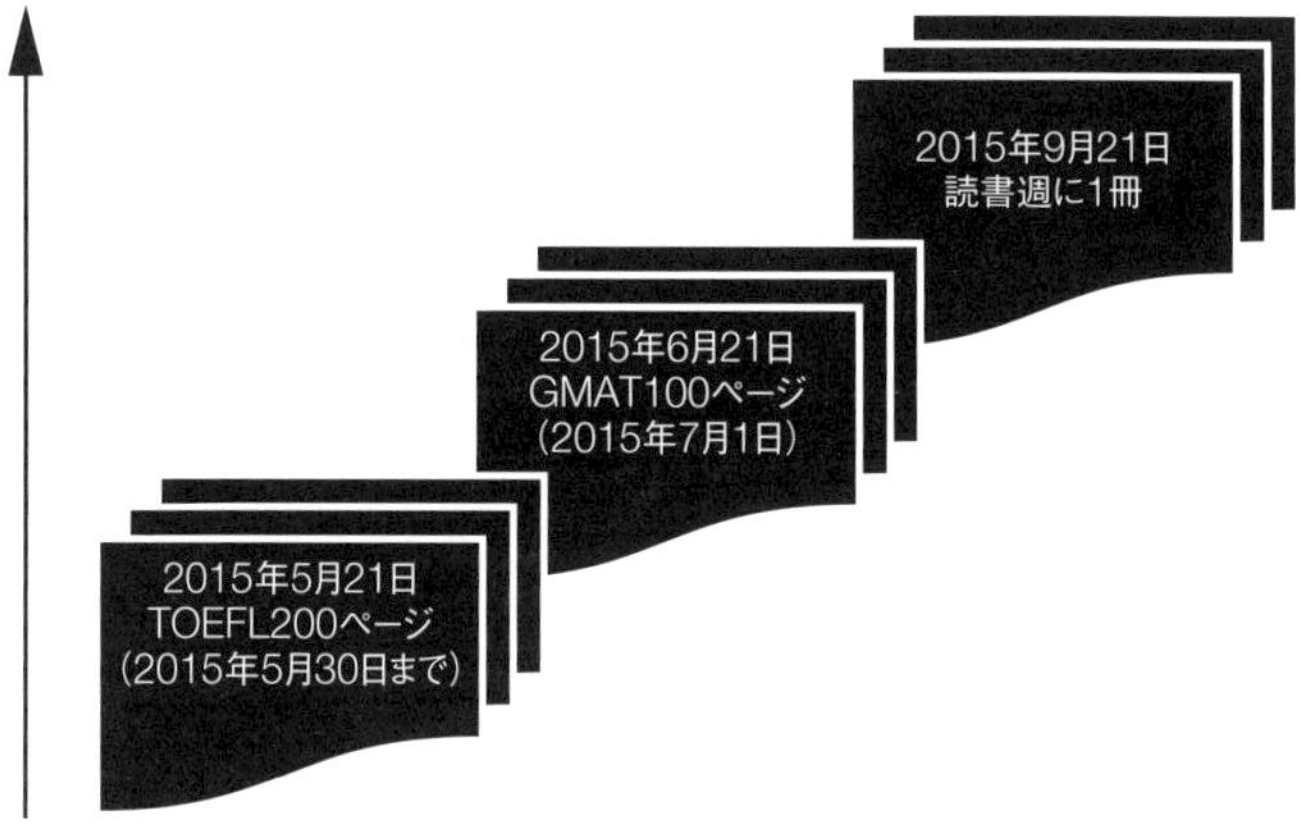

FIFOメソッド

仕事をしながら勉強していると、読まなければいけない本や、急に浮かんだアイデアなどいろいろなことが次々と浮かぶと思います。そのようなときにも必ず、「TOEFLの単語を200ページ分暗記する（2015年5月21日、締め切り2015年5月30日）」のように記載しておきましょう。

このようにTO DO管理する利点は日付を記載しておくことで、いつ頃に作成した目標なのかが一目で分かるため、FIFOメソッドを適用しやすくなります。目標の丁寧な分類と期日の設定は、時間を効率化します。

このようにして、ＦＩＦＯの環境を整備することです。やらなければいけない勉強や目標はどのようにして発生し、管理されているか、また、どのような順番で達成されるのか、その流れをＦＩＦＯメソッドでつかみ、先入れ先出しを実現する環境を整えれば、タスクや仕事が自ずと溢れかえるような、ムダの多い環境はカイゼンされます。

その結果、同時にいくつもの仕事や目標を達成し、素晴らしい結果を得ることができるのです。

ＬＩＦＯメソッド

ところで、ＦＩＦＯの他に、ＬＩＦＯという方法があります。これは、Last In, First Out（ラストイン、ファーストアウト）の略で、**「後入れ先出し」**を意味します。ＬＩＦＯだと古いものが残り続け、情報や仕事は時間とともに陳腐化していきます。

会計上では、ＬＩＦＯは資産の計上の問題でＦＩＦＯより会社にとって有利になる場合がありますが、仕事や目標達成を考えた場合は、特別な理由がないかぎり、先入れ先出しのＦＩＦＯメソッドを使ってタスク管理することをおすすめします。

POINT

勉強のTO DO管理は「先入れ先出し」「後入れ先出し」を使い分ける

ただし、**勉強ではＬＩＦＯのほうが効率良い場合があります。**それは、勉強の場合は忘れる前に復習したほうが効率良いからです。試験勉強であれば、最後に聞いた授業の勉強から始めます。それは、最後に聞いた授業の内容はいくらか覚えているので、その範囲の勉強は効率良く進めることができるからです。

このようにすべてがＦＩＦＯではなく、ＬＩＦＯが有効な場合もあります。ここで大切なのは、時間に着目したタスク管理を行うことで、その効率をコントロールできるということです。

37 勉強にお金を惜しまない

私は、勉強のためのお金はどんどん使います。少々高い教科書でも、遠方での学会参加も、自分の将来への投資と考え、我慢しません。本も教養の蓄積のためと、我慢せずにたくさん購入してきました。

米国のエグゼクティブＭＢＡの学費も、２年で９万４０００米ドル（日本円で１千万円以上！）と高額でしたが、親に借金をしてまでも支払うことにしました。

節約のために勉強を控えるというのはナンセンスです。知識がないためにお金の賢い使い方が分からず、結果的に損をしてしまってはいけません。

長期的に考えれば、お金をかけて勉強することで、知識や教養が増え、資産の運用の仕方も身につくかもしれません。また、金融資産と違って知識や教養は一度身についてしまえば一生なくなることはありません。

勉強は早く始めれば始めるほど効果的です。それは勉強で学んだ知識も複利の作用で時間とともに加速度的に増えていくからです。

POINT

**知識や教養は一度身についてしまえば
一生なくなることはない**

教育は最も効率の良い投資といいます。勉強に投資したお金は将来何倍にもなって返ってきます。勉強にお金を惜しまず、将来の自分への投資と考えましょう。

私は新しい分野の勉強をしなければいけないときには、関連書籍を5冊くらい一気に読んでしまいます。研究したい病気であればそれに関する論文を4～5本読みます。それにより、その分野の基礎知識やおおまかな動向をつかむことができるからです。新しい仕事に関する勉強をするときは、この**「関連書籍を読み漁る」**という方法が一番効率的です。

関連書籍を読むときにはいちいちどこが重要なのだろうなどと考えず、流し読みしてしまって大丈夫です。それは、重要なキーワードはどの本にも出てきますから、知らず知らずのうちに基礎的な知識を覚えることができるからです。

38 資質を醸成する

世界に挑戦し、グローバルリーダーとして活躍していくためには、目標管理や時間管理術、勉強法といったもの以外に、**人としての根幹となる資質というものを育て、身につける必要**があります。

残念ながら、資質は生まれつき持っているものでもなければ、ある日を境に急に身につくものでもありません。リーダーやマネジャーなどの経験を多く積み、また、たくさんの本を読んで教養をつけるなかで、醸成していくものです。

人としての資質は、日々の積み重ねです。一夜漬けの試験勉強のような方法では身につかないのです。

教養は1日にしてならず

勉強法ではとかく、ムダを省き効率を上げることに重点が置かれがちです。本書でもその方法の紹介に多くのページを割いていますが、そうしてどれだけ効率化の方法を学んでも、すぐに身につかないものがあります。それは、教養です。

教養はその人が積み重ねてきた人生や経験そのものを表します。リーダーになったときに教養を身につけようとしはじめるのでは遅いのです。

しかし、ここだけの話、教養を効率良く身につける方法があります。それは**人の話を聞くこと**、そして**読書をすること**です。

読書は筆者の数十年もの経験を2時間に凝縮して読むことができます。これほどの時間の節約はありません。ビジネスでは、同業他社の素晴らしい戦略を模倣しても、二番煎じではなかなかシェアを奪うことはできませんが、人生の先輩の素晴らしい知恵や考え方は、その限りではありません。すぐにでも参考にし、試してみましょう。

あなたは月に何冊の本を読んでいるでしょうか？　ある統計では、本を読む人と読まない人の間で年収に正比例の相関が生まれたとのことです。高収入の人が本を多く読むのか、本を多く読む人が高収入になるのかは分かりませんが、いずれにしろ、本を読むことで競争優位に立つことができる可能性は高そうです。

そして、本を読む際には、目標を決めて読むことをおすすめします。

私は読書において、以下の3つの目標を定めています。

①月6冊読む

私は研修医の頃から月6冊と目標を定めて読書をしています。1週間に約1冊半、年間72冊。これなら忙しい方でも達成可能な目標ではないでしょうか。

啓発本から歴史まで分野は限りません。興味のある分野を読み漁って、その中で著者が勧める方法や考え方を必ず一度は実践してみることで、読みっぱなしにせず、著者の経験の中から自分にとって必要と思われるものを取り入れるように努めています。

②話題書に目を通す

ランキングにあるような話題書には目を通すようにしています。そうすることで、ネットワーキングする際の話題作りをすることができます。

③そのつどテーマを決める

今月は歴史の本を6冊、来月は交渉の本を6冊というように、同じ分野のものを集中して読むようにします。そうするとそれぞれ関係する事柄の説明が出てきますので、理解度が高まり、効率良く吸収することができます。

読書で大切なことは、**ムダな本をなるべく読まないようにする**ことです。ここでいうムダとは、自分に付加価値を加えることのできないという意味です。

本来ムダな本というのは存在しませんが、自分に付加価値を加えることのできない本というのは比較的存在します。私はなるべく、自分の業界や業務に直結する分野の本を選ぶようにしています。一方で、教養を醸成するためにいろいろな分野の本も読んでいるのですが、その場合、私は名著といわれるような定番書をまず読むことにしています。

ムダな本は読まないとはいえ、それでもたくさんの本を読んでいくためには、速読が欠かせません。同じ勉強量や読書量でも速読できるのとできないのとでは、効率が大きく異なります。この速読は、文章を多く読むことによってのみ得ることができます。

速読で重要な能力はスキミングです（スキミングという言葉はクレジットカードの磁気カードから情報を抜き出す犯罪の手口から有名になりました）。文章には必ず重要なセンテンスがあります。いわばその文章のエッセンスともいえる部分を効率良く取り出し、理解していく能力がスキミングです。私はいつもスキミングを意識して本を読むようにしています。

煩雑な内容や知らないことを勉強する場合は別として、スキミングをしながら速読するのとゆっくり読むのとでは、実は理解度はそう変わりません。それは、読書は大変機械的なプロセスをとるからです。ならば、速読したほうが時間の節約になりますよね。

また、**本を読む目的をあらかじめ意識しておくことで、スキミングの速度、精度が高まります**。ただ漫然と乱読するのでは、効率が悪いことは明らかです。読書でも、明確な目標を持ち、ムダを省くことが大切です。

リーダーシップ能力を育てる

勉強し、自己研磨して将来のキャリアを切り拓く。その際に必要なのは、業績だけでなく、人としての根幹である資質であることは明らかです。資質の醸成には、教養以外にも、リーダーシップやマネジメント能力が必要不可欠です。

優れた組織では、より良い組織を目指す文化があり、それを維持できる体制が整っているものです。社員が経営者を信頼し、彼らの行動を経営者の方針に合わせていくためには、間を取り持つ中間管理職のリーダーシップやマネジメント能力が不可欠です。

POINT

勉強と直接関係のない経験や読書が人の資質を高める

しかし、そうした能力の開発には時間がかかります。応急処置的な研修では本当の意味でのリーダーは生まれてきません。

十分なスキルを持たない医師が手術を行うことは、医療過誤とみなされてもおかしくありません。同様に、リーダーシップのスキルを持たない管理職が部下のマネジメントをすることは、経営過誤とみなすことができるでしょう。

組織がリーダーを育成することは、組織自身だけでなく、顧客、社員に対する務めでもあります。一人一人が常に会社の顔、病院の顔として働いていれば、責任感のないサービスを顧客に提供するようなこともなくなります。

このように、リーダーシップやマネジメント能力を育てることは、あなたが勉強し発展的なキャリアを構築するうえで必要不可欠です。こうした能力を育てる方法は身の回りにたくさんあります。勉強会やボランティアを企画するのも良いかもしれません。

リーダーシップやマネジメント能力は後天的に誰でも身につきますが、時間がかかります。いざ必要なときのために普段から経験を積んでおきましょう。

SUMMARY 3

27 「LEAN」の考え方を勉強に取り入れる

28 目標やタスクを視える化する

29 リップルエフェクトでモチベーションを高める

30 完璧を目指しすぎない

31 過去問と教科書を効率的に勉強する

32 問題集は1ページ目から解かない

33 蛍光マーカーを活用する

34 ブログを利用してアウトプット力を鍛える

35 TO DOリストは一日1回必ず手をつける

36 FIFOメソッドでTO DO管理する

37 勉強にお金を惜しまない

38 資質を醸成する

グローバルなハーバード大学のラボ

ハーバード大学医学部で研究者がどのような生活をしているか興味を持たれている方もいるのではないでしょうか？　研究者の仕事は主に、実験、ラボミーティング、学会発表、論文作成、研究費の獲得です。大きな発見ができれば、特許の取得や新薬の開発などのプロセスに進みます。

通常は月曜日から金曜日まで研究し、週末は休みという勤務体制が一般的です。しかし、注意しなければいけないことは、研究業務には、はっきりとした終わりがありませんので、やろうと思えば、いくらやっても時間が足りません。

私の所属していた2012年当時のハーバード大学眼科スケペンス眼研究所のDr.ダナ研究室には18名の研究員が同僚としていました。その内訳は、2014年12月の時点では、中国人5名、インド人3名、アメリカ人2名、イラン人2名、イタリア人1名、ドイツ人1名、日本人1名、ギリシャ人1名、メキシコ人1名、スロバキア人1名とまさにグローバルな研究室でした。

面白いことに、勤務時間は国によって全く異なります。基本的に日本人や中国人などアジア人は、驚くほど研究室に残って朝から晩まで働く一方、アメリカ人は17時にきっちり家に帰り、週末にラボにくることはほとんどありません。

しかし、アメリカ人は家族を大切にするため時間どおりに帰宅しますが、家族の団らんを楽しんだ後、家で残った仕事をしているようです。日本人は仕事第一で、家族を犠牲にしてまで遅くまで会社に残って働きますが、アメリカ人は家族の優先順位が高いだけで、決して働かないわけではないようです。

医師の海外留学の場合は、日本でできなかった家族との時間に週末を費やす人もいますし、昼夜土日休みなく研究し続ける人もいます。どちらも日本にいれば経験できないことですので、とても大切なことだと思います。

ちなみに私は後者で、朝から晩までラボに泊まるようにして研究していました。宿舎もラボから歩いて5分以内のところを借りていたので、いったん家に帰って炊事洗濯をしたら、またラボに来るような生活をしていました。

それは、私にとってアメリカで研究するという期間は人生において非常に限られた時間であり、1分1秒ムダにしたくなかったからです。

PART 4

ハーバード、MBAから学んだ
私の勉強法

世界を動かすリーダーは、その1日1日をどのようにすごしているのでしょうか。

ハーバード、ビジネススクールで過ごした刺激的な日々は私の人生で一番輝いていた時間です。留学という目標を達成するとともに、新しい世界を垣間見ることができ、人生のミッションを強く意識しました。

私が渡米して感じたことは、テクノロジーや環境などは日本とアメリカでは大差がないということです。しかし、ハーバード大学やビジネススクールに集まる多様性のある人材は、皆各国を代表している人材で、それぞれが向上心を持って、大きな目標に向かって挑戦していました。

ここでは、ハーバード大学、ビジネススクールを同時に経験したという私の変わったキャリアを振り返り、世界のリーダーたちの考え方、そこから得た私の勉強法や目標、時間管理術をシェアしていきたいと思います。

39 早期に信用を得る

ハーバード大学での研究生活で私がとった方法は、**「スタートダッシュをかけて早期に信用を得る」**という方法です。

ハーバード大学の研究室では、私のような新人に最初から素晴らしい研究プロジェクトをくれるようなことはありません。それは、私にどの程度の実力やる気があるか、全く分からないからです。そのため、私はまず、自分の能力とやる気をアピールする必要がありました。

自分から仕事をもらわなければ、せっかく留学してハーバード大学のラボにきても、仕事にありつくことさえできないのです。しかも、ハーバード大学のラボは実力主義であり、結果主義です。結果を出さない研究員はクビです。

グローバルな環境での仕事でしたが、結局は、自分を相手に信頼してもらうことが何よりも大事なのです。

私は、留学期間を3年と決めており、また、どんなに勉強しても英語力ではネイティブにかなわないことが初めから分かっていましたので、そのぶん、**相手が強い興味を持ってくれたり、感心してくれたりするようなコンテンツを常に持つように心がけ、それについてはひととおり英語で話せるようにしました。**

具体的には、角膜移植の手術とフローサイトメトリーという実験機械については、ラボの誰よりも詳しくなるように勉強しました。

同時に、朝は一番早く出社し、夜は一番遅くまで研究するようにしていました。また、人から何かを頼まれたら、絶対に断りません。

人間の評価は最終的には積み重ねで決まりますが、初期の段階で周囲から信頼を勝ち取り、良い評価を得ることができると、その後の仕事は円滑に進み、成果が上がりやすくなるものです。

反対に、最初にのんびりしてしまうと、周囲からの評価をなかなか得ることができず、仕事もなかなかもらえないという悪循環に陥ることがあります。

医療も研究もそうですが、**どのような仕事も、チームワークなくしては良い成果をあげることはできないのです。**

POINT

**周囲から信頼を勝ち取ることができれば、
自身の成果も上がりやすくなる**

こうしてスタートダッシュに成功したおかげで、ハーバード大学での研究は、たくさんの担当プロジェクトを持つことができ、非常に充実した生活を過ごすことができました。

皆さんも新しい環境に移ったときには、なにはなくともスタートダッシュをまず心がけてみてください。

40 人脈を活用する

私はビジネスのバックグラウンドがなかったので、ＭＢＡの試験勉強はいばらの道の連続でした。会計学やファイナンス、ストラテジーなど……。なんとか太刀打ちできたのは統計学だけでした。しかも英語なので、直感的に理解するのは不可能でした。試験勉強の際にも、まずは過去問の解答を見て勉強していましたが、解答を読んでも全く歯が立たない場合が多々ありました。

このような窮地を救ってくれたのが、ネットワークです。分からないところはその道のプロに直接教えてもらうのです。

会計学を理解できなかったときには、日本にいる会計士の友人にメールして、アメリカにいながらテレビ電話で教えてもらいました。そうすることで、分からないところを効率良く理解することができました。

勉強は必ずしもすべて自分一人で勉強する必要はありません。特に社会人になってからの勉強は単純な暗記では済まないことが増えてきますので、**1人で勉強するよりも、その道の専門家に聞く**ことをおすすめします。そのほうが、分かりやすく要点を教えてもらえるからです。

私がこれまで見てきたかぎり、勉強で大きな成果を出す人は、いざとなったときに人脈を活用し、有益な情報を交換するなどして相乗的に高めあっています。

ここでいう人脈とは、一度会ったことのある人ではありません。あなたが困ったときに無償で手を差し伸べてくれる人たちを指します。

そのような人脈は、一朝一夕で築けるものではありません。手間や時間、努力の積み重ねによって築けるものです。

人脈に大切なのは、相互扶助、相互利益、いわゆるウィンウィンの関係です。どちらか一方のみが依存しているのでは、本当の人脈ではありません。**自分が相手に良い影響を与えられるよう努力しましょう。**

「人の力を借りてばかりでは、自分の実力がつかない」と考えるかもしれませんが、それは間違いです。なぜなら、このようにたくさんの人脈を築くためには、時間や労力が必要で、それはその人の実力の一部といえるからです。

自分がプラットフォームとなる

プラットフォームとは土台のことです。自分をプラットフォーム化することで、リーダーシップを発揮したり、組織をオーガナイズしたりする経験ができます。

飲み会や交流会の幹事を率先してやりましょう。幹事の仕事は、お店の手配や出欠の確認など、面倒くさいことが山積みです。

しかし、主宰者になることで、様々なメリットがあります。時間や場所、誰を誘うかを決めることができますし、参加者の連絡先などの情報を入手することができます。

このように魅力的な仲間を集めて付加価値のある集まりを主宰することは、プラットフォームの提供にほかならないのです。

企業でいえば、プラットフォーム戦略を展開しているので有名なのがアマゾンです。誰でも便利に使えるショッピングサイトを無償で提供することで、売れ筋の情報や、どのような人が買っているかなど最新のマーケティング情報が集まり、アマゾンの利益率を高めています。

POINT

人脈はその人の実力の一部

プラットフォームになるためには、顧客に選んでもらえるサービスを提供しなければいけません。アマゾンは送料無料サービスや口コミ（カスタマーレビュー）などで差別化に成功し、既存のスーパーマーケットからユーザーを囲い込むことに成功しました。

企業も個人も同じです。このように**自分をプラットフォーム化することで、周りの人々のニーズを満たすだけでなく、自分の成果も向上させることができる**のです。

勉強でも、自分をプラットフォーム化させることができます。具体的には、自分の勉強した内容を友人に教えてあげましょう。人に教えるということは案外難しいもので、本当の意味で理解していなければ、あなたは友人に解説することができないでしょう。

つまり、友人に教えるということで、自分が本当に理解しているかチェックすることができるのです。

あなたを通すことで、情報や利便性が得られるというプラットフォームを構築して、あなた自身の付加価値を高めましょう。

41 競走ではなく、共走を目指す

資格をとって出世したい。勉強して偉くなりたい。そのようなときに知っておかなければいけないことがあります。

それは自分だけが成功を独り占めするのではなく、協力し、シェアしていくほうがより相乗的に成長することができるということです。

例えば、大学機関や会社組織は縦割りのことが多く、横断的な研究やチームコラボレーションがうまく立ち回らないことがしばしばあります。そこでは利権が絡み合い、協力することをわざと避けるようなこともあります。

しかし、ハーバード大学では、カタリスト（共走）を奨励していました。私のハーバードのラボも、どんなに研究で忙しいときでも、協力を要請すると手伝ってくれたり、緊急のミーティングを開いて情報やノウハウを共有してくれたりしました。私たちは協力することによって新しい価値を創造し、研究成果は相乗的に増え、お互いにより成果を得ることができました。

このように、大きな成果を効率良く上げるためには協力は必要不可欠です。勉強でも協力して行うことで、より多くの情報収集を行うことができ、ムダな時間を節約することができます。

ここで、競争ではなく、共走することが相乗的な成果を出すということを理解するための理論をご紹介しましょう。

他人と協力して何かをする際には、自分がどのような行動をとるべきか決めなければいけないときがあります。また、その行動に対して他の人がどのような行動をとるかあらかじめ考慮しなければなりません。このような相互依存関係を分析することをゲーム理論といいます。

ゲーム理論を学ぶことで、**協調行動を選択し、お互いの総和を高める**ことができるのを知ることができます。

それでは、ゲーム理論で有名な囚人のジレンマを紹介しましょう。

警察に捕まった2人の囚人が、どのような選択をとるかという話です。ここで、それぞれの囚人は、「沈黙」もしくは「自白」を選択することができます。警察は、1年間無条件に拘束することができるとします。警察は、2人がともに自白した場合は2人とも懲役5年間、片方が自白した場合は、自白した囚人を無罪にして、仲間は10年の懲役になるという条件をつきつけたとしましょう。整理するとこうなります。

①2人とも沈黙＝2人とも1年の懲役
②片方のみ自白＝自白した人は無罪、沈黙した人は10年の懲役
③2人とも自白＝ともに5年の懲役

ここで、もしあなたが囚人であれば、どの選択をするでしょうか？

最も合理的な判断は①です。2人とも沈黙すれば、1年間の懲役で済み、2人にとって最良の結果となります。しかし、仲間が裏切るというインセンティブが必ず存在します。

その場合、仲間の選択に関係なく、自白を選ぶことが、無罪、もしくは5年の懲役となり、自分だけが沈黙した場合の10年に比べ、懲役期間が短くなります。


このように自身の選択が、他の人のとる戦略に関係なく最適であるとき、その戦略を**「支配戦略」**といいます。この場合は自白が支配戦略というわけです。仲間が自白しようと沈黙しようと、自分が自白すれば、刑務所に入る期間が10年に比べて短くなるからです。これを囚人のジレンマといいます。

しかし、この囚人のジレンマを解決する方法があります。それは、何度も繰り返すことで互いの意思疎通をはかることです。

先ほどの例で考えてみましょう。5年の懲役を終えた2人が再度共謀するとします。今回は事前に捕まったときの相談をして、2人にとって最良の方法である「沈黙」を選択する約束をします。

2人にとって銀行強盗が唯一の収入源で、仲間がいないと犯行ができないとした場合、一度の利潤（無罪）を選択するとその後のすべての収益源を失います。犯人は将来の利潤を考え、約束を破ることで得られる一度だけの利潤をあきらめる選択をするでしょう。

このように互いの意思疎通をはかることで、協調的な結果を選択することができれば、2人にとって最良の結果を選択することができます。

私たちの世界は協調などない競争社会に見えますが、このように協調を選択することで、お互いの利益の総和を高められるということを覚えておきましょう。

ノンゼロサムゲームな状況を作る

協力の大切さを他の尺度からも見てみましょう。

ゼロサムゲームとは、勝者と敗者の合計が常にゼロになることを指します。例えば、株式の世界はゼロサムゲームです。株で得をした人と損をした人の合計は常にゼロになるからです。テニスで一方が6－0で勝っても、他方から見れば0－6となるように、スポーツの多くもゼロサムゲームです。それは、勝者と敗者が必ず生まれるからです。

しかし、私たちの生活する社会では、それぞれ微妙に異なる分野で競争しています。この場合は、完全なゼロサムゲームではなく、win－winの関係も生まれます。例えば、インテルとコンピュータ会社の関係です。インテルとコンピュータ会社は互いに補完関係にあり、パソコンが売れればインテルも売れ、インテルの評判が上がればパソコンも売れるわけです。

ここで私が伝えたいのは、**「競争環境下においても、協調することは理論的に可能」**ということです。ノンゼロサムゲームな状況を作り出せば、ゼロサムゲームの状況を打破することができ、大きなアウトプットを生むことができるのです。

POINT

協調を選択することで、互いの利益の総和を高められる

ハーバード大学医学部の研究では生き残りをかけて、熾烈な競争が行われています。なぜなら、アメリカにおいて研究資金の獲得は研究者にとって死活問題だからです。そのためには、他の競争者よりも、質の高い論文を数多く発表する必要があります。

このような熾烈な競争環境下でも、コラボレーションは頻繁に行われています。それは、**自分と競争関係にない人と協調する**のです。例えば、私の所属する眼科では、ドライアイの研究をする際に、細菌学の研究室とコラボレーションをして研究していました。この場合は、囚人のジレンマは発生せず、お互いに常に最良の選択をすることができます。つまり、コラボ先の細菌学の教室は眼科の教室と成果を争わないため、必要な検査や薬剤などを工面してくれるわけです。

人生では、競争することが成長には大切ですが、win－winを選択したほうが効率良く成長できることがあります。私たちは時として、他人を蹴落として自分だけ出世したいと思うことがありますが、本当に大切なのは他人への貢献や協力です。その結果、自分も成長を享受できるということを忘れないようにしましょう。

42 圧倒的な量の知識を消化する

米国のビジネススクールでは、むしろ授業以外の学習のほうが大変です。それは授業のための予習や宿題をこなすのに膨大な時間が必要になるからです。

例えば、シラバスには授業の内容とともに必読文献が記されていますが、2週間毎のエグゼクティブMBAクラスでさえ、2週間で40時間以上を費やさなければいけない量の宿題が出題されます。この必読文献や宿題を終えていなければ、MBAの授業は事前に知識がある前提で授業が進んでいくので、ついていくことができません。合わせて筆記試験やレポートの提出もあります。

このように米国の大学院では圧倒的な情報に埋もれることで学習していきます。当然すべてを覚えることはできませんから、文章をスキミングし、大切なところを抜き出す力が要求されます。

この能力はビジネスでも役立ちます。なぜなら、インターネットの普及とともに私たちの世界は情報が氾濫し、その取捨選択を効率的に行わなければいけないからです。

圧倒的な量の知識と遭遇するということは、自分のキャパシティを引き上げてくれます。そして、圧倒的なインプットをアウトプットに変換するためには、この情報を取捨選択する能力が必要不可欠です。

ストーリーで記憶する

ビジネススクールでは、ケーススタディという10ページ程度の論文のようなものを使ってディスカッションします。このケースには実際に会社で起こったことが書かれており、一度読んだだけでは理解できないくらいの詳細な情報量があります。

このようにたくさんの情報が記載されているケースですが、不思議と一度勉強すれば、その内容は忘れません。それは、ケースがストーリー仕立てになっているからです。

人間の頭は単語などの細切れの情報は忘れてしまいますが、情報と情報がネットワークしている場合は忘れないようになっています。つまりケーススタディのようにストーリー仕立てで覚えてしまえば、記憶の定着がいいということです。

勉強も同じです。ただの暗記にするのではなく、場所やそのときの感情も一緒に覚えておくのです。そして、ストーリーを自分の頭の中で考えながら勉強すると忘れません。英単語を覚えるときも、芸能人や自分を無理やり主役にしてこじつけて覚えるのです。

チートシートでスキマ時間に覚える

とはいえ、大学院の宿題の量は半端ではなく、暗記にはかなり苦労しました。ビジネススクールでは試験が近くなると皆、チートシート（cheat sheat）というアンチョコのようなものを作ります。私もどうしても覚えきれないところは、1枚の紙にまとめて書き移すか、印刷して持ち歩いていました。暗記する場合には、案外この方法が奏功します。いざ、机に座って暗記をするぞ！ と取り組むのもいいですが、スキマ時間になんとなく眺めているだけでも、けっこう頭に入るものです。

ノート作りは時間の無駄

私は授業ノートというものを作ったことがありません。それは一度作りはじめると、

POINT

定着しやすい自分なりの記憶法を身につける

キレイなノートにしたくなり、そうしているうちに、ノートを作ることが目的になってしまうからです。授業中もノートをとることに集中してしまうあまり、勉強している本質を理解できません。

さらにいえば、私はノートを作っても、それを後から見直したことがありません。そんなことをするなら、**参考書を買ってそこに書き加えたほうが良いノートが出来上がります**。というのも、参考書には索引や目次があるので、後からすぐに見直すことができるというメリットがあるからです。

参考書に自分の調べたことや授業で学んだことをどんどん書き込み、自分専用の1冊を作るのです。

43 予習を重視する

アメリカの大学では、予習してその範囲を学習していることを前提に授業が進みます。ですから、先生から「あの部分についてどう思うか」といった質問をいきなりされることもあります。

もし、そこで何も予習をしていないと、答えられずに恥ずかしい思いをするばかりか、授業の点数を全くもらえず、落第になる可能性もあります。

かくいう私も、日本で大学生をしていた頃は、復習中心の勉強スタイルでした。試験に合格するためには、過去問を勉強し、復習すればなんとかなってしまったからです。

しかし、このスタイルは実は効率が悪く、たくさん時間のある大学生ならばまだしも、社会人の勉強スタイルには合っていないように感じます。

それは、授業を聞いている時間のすべてが、ムダとはいいませんが、非効率になってしまうからです。

POINT

復習するよりも授業中に覚えてしまう

私の社会人になってからの勉強法は、①過去問を眺める、②予習する、③授業で大切な部分を覚える、というスタイルです。この方法をとることで、授業中に何が大切で、どの部分を集中して理解すればいいかが分かるので、授業が終わったところで記憶にかなり定着します。

忙しい社会人の皆さんは、復習する時間はなかなか捻出できないでしょうから、授業でなるべく覚えることをおすすめします。

44 発言することで自分の意見や思考を磨く

医師や研究者の世界には、学会といわれる大きな会議があります。日本眼科学会にはたくさんの眼科医が集まり、研究内容を発表し、最新の知見をシェアします。海外の学会は国際学会といわれ、さらに多くの人や多様な人種が集まります。
会場は50人程度しか入らない小会議場から、コンサートホールのような大きい会場まで。時には、数百人の前でプレゼンテーションをしなければいけません。

私はなるべく、学会で発表することに決めています、それは、どんどん発言や発表をすることで、自分の意見や思考が磨かれていくからです。
また、他の先生の発表を傾聴する際には、必ず質問をすることに決めています。これは、会議の際にも有効な方法です。会議中にただ座っているだけの人は参加しているとは言えません。ディスカッションに参加してこそ価値があるのです。

そして、この**質問するという行為は勉強における理解力を向上させます。**「なぜ？」

と考えることができるようになると、物事のプロセスを考えるようになるからです。勉強においても、これはなぜだろうという視点を持つことで、暗記だけの勉強から、本質を考える勉強をすることができるようになります。

私はハーバードの研究室でもビジネススクールのディスカッションでも、会議中に最低ひとつは質問を考えておくようにしていました。そうすると、会議をより集中して聞くようになります。はじめはひとつしか質問できなくても、慣れてくると徐々に質問できる感覚が養われてきて、議論にダイナミックに参加できるようになります。

また、**いつも必ず質問することは、名前を売ることにもつながります。**大きな会議や学会で発言すれば、そこに集まる著名な人たちに自分の名前を宣伝できるからです。

会議や学会というこれ以上にない機会をムダにしてしまう手はありません。積極的に発言し、自分の意見や考えを主体的に発信していく能力を磨いていきましょう。そして、なぜ？　と問いかけることで本質を疑う能力を身につけましょう。

POINT

積極的に発言し、意見や考えを主体的に発信していく能力を身につける

45 海外留学を楽しむ

海外留学では、自分の考えを伝えて理解してもらうことの大切さを学ぶことができます。日本のように「気をつかって人に合わせる」のではなく、「自分の意見を相手に伝える」能力が求められます。

ビジネススクールの授業にかぎらず、欧米の人々は、ディスカッションに慣れています。そこでは、火花が散るような激しいディスカッションが行われます。しかし面白いことに、ディスカッションでどれだけぶつかり合っても、終わると皆すっきり、後腐れないというのが欧米流です。

海外に行くことで、自分の国をもっと知りたいと思うようになります。というのも、留学先で出会う優秀な留学生たちは、各国の代表として留学していることがほとんどです。皆、知り合った際には、自己紹介とともに、自国についても紹介し合います。そのときに、相手から質問されてはじめて、自分の国の歴史や宗教、文化などについて、あまりにも知らないことがあることに気がつきます。留学し、異国の地に行くことで、自国を顧みることができるのです。**「母国のことを知らないと世界では恥をかく」**ことを痛感します。

ビジネスの場でも教養は評価されます。具体的に求められることとして、自身のバックグラウンドについての理解です。自分が生まれた国や地域、自分が過去に関わったことのある分野について不勉強だと、教養がないとみなされてしまいます。それは自分の国のことさえ知らない人に他の国のことは分かるはずがないからです。

アメリカ留学で最も苦労したのは、生活のセットアップです。アパート（日本のマンションに相当）を借りるのも、保険に加入するのも、見知らぬ地で独力でやっていかなければならないということです。特に、日本にいれば全く気にすることのない医療保険も、アメリカでは自分で決めなければいけません。そうした生活のセットアップと学業や仕事を両立していくのは想像以上に大変ですが、**日本で暮らしているだけでは身につかない自立心を養うことができます。**

留学先で孤独になることを心配される方もいるかもしれません。実際、親も友人も、もちろん恋人もいない異国の地にひとりで生活することは、時として堪え難い孤独と戦うことになります。しかし、友人は次第に増えてくるものですし、**人生の中で、自分と向き合える時間を持てることは、留学の最大の収穫**といえるかもしれません。

私も留学の3年間は、孤独と勉強、研究との戦いという辛いものでしたが、その間に人生のゴールを改めて認識することができた重要な期間であったと思います。

留学後には、留学前とは比べ物にならないほどに、未来への可能性が広がります。自分のミッションを見据え、それに向けた課題を逆算し、何を達成していくべきかが明確になります。

留学中の楽しみといえば、現地の人との交流です。週末に行われるパーティーやスポーツなどを通してコミュニケーション、ノミニケーションすることで、文化を超えて本当に仲の良い友人を作ることができます。ボストンではまさにアメリカというようなクリスマスパーティーに参加したり、テニスの大会にチームで出場したりしてアメリカのスポーツ魂を経験することができました。

なかでも、テニスを通じて知り合った友人とは、職場や学校の仲間以上に仲が良くなりました。

留学での他の楽しみとして、**留学先を拠点に、他の土地にも旅することができる**ということもあります。例えば、アメリカ留学であればブラジルやペルーなど南アメリカ大陸へ、ヨーロッパ留学であれば、陸続きにいろいろな国に行くことができます。夏と冬のバケーションを利用してオーロラを見に行ったり、カリブ海の周遊をしたりすることも比較的低コストでできます。

留学を終えると知らないうちに、チャレンジすることに対する壁が低くなります。それは、留学先での毎日は「新しいことへのチャレンジの連続」だからです。食べたことのない料理、やったことのないスポーツ、新しい文化。今まで、目を背けていて、試していないだけのものが、チャレンジ可能と認識できます。

異国の地でチャレンジできたという成功体験が、チャレンジをチャレンジと感じさせなくなるのです。

POINT

留学は未来への可能性を広げる貴重な機会

46 あえて快適な空間から遠ざかる

ハーバード大学に留学して2年も経つと、何も分からず、あんなにはじめは大変だった環境にも慣れはじめ、ついにはコンフォータブル（快適）と感じるようになってきました。確かにいろいろスキルも覚え、勉強や仕事の効率が上がったように感じました。

しかし、私はコンフォータブルになったときは、あえて環境を変えるようにしています。それは、**コンフォータブルな環境からは、新しく得られることは少ない**ように感じるからです。

新任の1年間、移動後の数ヶ月が最もいろいろなことを学び覚えている期間です。勉強でも、**新しい分野を学びはじめたときが吸収する知識量が最も多い**のは明らかです。

私も留学先のハーバードのラボに入って2年ほどで、覚えなければいけないことはひと通り覚えることができました。このままいれば、快適に研究することができるだろうなと考えたこともありました。

しかし、そのようなときこそ、変化やチャレンジが必要——そう考えて、私は日本に戻る決意をしました。

もちろん、慣れてきたからという理由で仕事を変えるのは難しい場合がほとんどでしょう。その場合は、新しいプロジェクトに参加したり、今まで参加していない勉強会に参加したりするなど、仕事を変えないでも、新しい環境を自ら作りだすことはできます。

コンフォータブルな環境に慣れることで自分をあまやかすのではなく、新しい環境に挑戦し、ぐっと加速度的に成長しましょう。

POINT

自ら新しい環境に挑戦する

SUMMARY 4

39 スタートダッシュで早期に信用を得る

40 人脈を活用する

41 競争ではなく、共走を目指す

42 圧倒的な量の知識を消化する

43 予習を重視する

44 発言することで自分の意見や思考を磨く

45 海外留学を楽しむ

46 あえて快適な空間から遠ざかる

世界に挑戦する人へのインタビュー2

ハーバード大学応用数学科専攻・プロサッカー選手

小林寛生氏

ハーバード大学の学生は実際にどのようにして時間管理をしているのでしょうか。

ハーバード大学のカレッジ（日本における4年生の大学）の学生数は約6700人といいます。そのうち日本人の学生は、1学年に3人いれば多いほうです。そのなかでもハーバード大学の応用数学科に在籍し、サッカー部でも精力的な活動を行っている小林寛生さんに、ハーバードの学生はどのようにして勉強とスポーツを両立させているのか伺ってみました。

――どうしてハーバード大学に進学したのでしょうか？

「もともとは、高校2年のときにハーバード大学のサッカー部の監督にスカウトされたのがきっかけで、一度ハーバード大学においでと言われたので、見学しにいきました。その際にサッカー部の先輩の家に泊めさせてもらい、ハーバード大学の学生生活を肌で感じ、クラスの質や街の雰囲気、寮生活の毎日、出会いの量と質、そしてスポーツ施設の環境などとても気に入ったことから、ハーバード大学を目指すようになりました。実際に入っても、環境という点から、ハーバードは素晴らしい大学だなとつくづく感じています」

――ハーバード大学の学生は勉強とスポーツを高いレベルで両立しているように見えます。どのようなスケジュールで生活しているのでしょうか？

「サッカーの練習は、移動や着替え、シャワーなども入れるとだいたい1日4時間くらいかかります。例えばシーズン中ですと、朝9時くらいに起床して10時から14時くらいまで授業、15時から19時まではサッカーに時間を費やし、夜ご飯を食べた後は宿題、という毎日です」

――アメリカの大学は多くの宿題が出るので、部活をやっていると勉強がかなり大変だと思いますが、どのようにして時間管理しているのでしょうか？

「時間管理に関しては誰でも苦労しますが、やはりハーバード大学のリベラルアーツ教育のいいところは、6700人ほどいる学生のほぼすべてが寮生活をしているという点です。分からないことがあれば隣のクラスメートの部屋にノックしにいくことができますし、そうやって友達と協力して効率良く宿題を終わらせることが鍵だと思います。

また自分はアスリートなので、いつも7時間は睡眠時間をとるよう心がけています。

「寝ないで勉強する＝かっこいい」ではなく、「寝ないで勉強する＝タイムマネジメントができていない＝かっこわるい」ということを先輩に教わりましたので、睡眠時間を削らずにすむように試行錯誤しながら宿題と毎日向き合っています。ただ、試験期間中は、やはりそううまくはいかず、ほぼ寝ないで試験を受けたりすることもよくあります」

――ハーバード大学の学生が寮生活をしているとは知りませんでした。しかし、そこから得る国際色溢れる色濃い人間関係が学生の教養を深くさせるのでしょうね。それでは、小林さんの将来の夢を教えてください。

「私の一番大きな夢は、日本のサッカー界の発展につながる仕事をすることです。アメリカに住んでいてよく分かったのですが、アメリカ人は、例えばボストン出身の人はレッドソックスや、ブルーインズ（アイスホッケー）、ペイトリオッツ（アメリカンフットボール）などのチームをとても誇りに思っており、それがボストン市民のアイデンティティーになっています。NYに住んでいたときは、アメリカが民主党と共和党に分かれているように、メッツファンとヤンキースファンにくっきり分かれており、いつも口論していました。私も将来いつか、日本人がそれほど本気でチームを愛せるようなサッカー界を育てるような仕事をしたいです。

そのために今かなえたい夢は、初のハーバード大学卒Jリーガーになることです。一度Jリーグ・エンタープライズでインターンとして働いた経験があるのですが、そのときに川淵キャプテンと話す機会があり、「自分がプロでサッカーした経験があったからこそ日本サッカー界の課題が見え、ここまで突っ走ってこられた。君もチャンスがあるのだからプロを目指して頑張ってみなさい」とアドバイスを受けました。それを聞いたとき、とりあえず自分の一番大きな夢をかなえるためにはJリーグでのプレー経験があればプラスになるなと思い、よりプロになるという志が強くなりました。

もちろん、サッカーが大好きだから、というのも、プロになりたいなによりの理由です。これは個人的な意見ですが、サッカーはレベルが高くなればなるほど楽しいので、日本のトップのレベルを考えるとワクワクします。

私の目標管理の方法はずばり、「夢を語れ」です。これは私がアルバイトしているボストンのラーメン屋の名前なのですが、そこで学んだことのひとつが「夢をかなえる一番の近道は、夢を語ること」。夢を語っていれば、自分の夢へ対する意識と責任を高められますし、ファンもサポーターも増えますし、また同じ夢を持った人や助けてくれる人が自然と集まってくるものです」

――ハーバード大学の学生は就職でも引く手あまたなはずです。なぜ、プロサッカー選手を選んだのでしょうか？

「確かに、ハーバード大学という肩書きを使って給料の良い仕事を見つけて、安定した生活を送るというオプションもありました。

ただ、7歳のときにサッカーを始めてから家族をはじめ、今までお世話になったコーチやチームメイト、友達などの支えもあって、僕は人生ずっと好きなことしかしていません。日本ではサッカー少年で、NYの高校に転校してもサッカーで英語を学び、友達を作り、大学受験もサッカーをやめてまで勉強することもなく、結局大学4年間もずっとサッカーしていました。私は好きなことばっかりさせてもらっている幸せ者なんです。

卒業が近づき、はじめてサッカーか仕事かどちらかを取る、という選択をせまられたときに、自分の中の価値観で一番大きいことは、好きなことを常にする、ということでした。それと、自分の夢に対する野望もあります。いつか周りの人にとてつもない影響を与えることのできる人になって還元できればな、と今は思っています」

小林寛生氏 略歴

1992年12月26日生まれ。愛知県岡崎市出身。中学3年の夏にニューヨークに家族とともに移住。2011年ハーバード大学応用数学科入学。2015年4月よりThe Premier Development League(PDL), Kitsap Pumas所属。

PART 5

ゼロからの
英語学習術

医者であれば、英語を話せて当たり前じゃないのか？　答えは「NO」です。

確かにカルテの記載には英語を使いますし、英論文を読みますから、英語に接する機会が全くないわけではありません。

しかし、英語を流暢に話せる日本人医師は、案外少ないようです。というのも、学会などで海外に行くことはあっても、ビジネスマンに比べて、英語でコミュニケーションする機会はほとんどないからです。先日もボストン留学時代の友人が、日本の病院を受診した際に英語でコミュニケーションができず困ったという話をしていました。

私も「茨城県育ち、海外経験ゼロ」で、英語とは無縁の生活を送ってきました。そんな私でも、なんとか海外留学し、ハーバード大学やビジネススクールのディスカッションを自力でこなせる英語力を身につけることができました。

今後は日本にいながらにして、世界中の人と競争していかなければいけない時代に突入していくでしょう。そこで英語は世界に挑戦していくうえでの「世界の国境をなくす運転免許証」のようなものです。仕事に忙しく、多忙な人こそ英語を効率的に学び、世界に挑戦していかなければならないのです。

英語の勉強には秘訣があります。この章では、私の実体験をもとにした世界に挑戦するためのゼロから始める英語の勉強法を紹介したいと思います。

47 「グローバル人材になる」ということ

グローバル人材とは、2カ国以上を話し、かつプロフェッショナルな能力を有する人を指します。こうした人材は世界のどの国、どの地域においても求められています。

このように、「語学が堪能」で「プロフェッショナルな能力を持つ」ためには、どのようにすればいいのでしょうか。

それには、**プロフェッショナルな能力を磨きながら、ビジネスに使えるグロービッシュやサバイバル英語というものを習得すればいい**と私は思います。

プロフェッショナルな能力を身につけるには、相当の時間と経験を要します。しかし、グロービッシュレベルの英語であれば、数年間、英語の勉強を頑張ることで身につけることが可能です。

今やすべての産業でグローバル人材が求められています。特に、医療やヘルスケア、IT、テクノロジー、製造業、流通などの業界において、そのニーズは強いように感じます。

POINT

コアとなるプロフェッショナル能力を磨きながら、使える英語を身につける

バイリンガルのための求職、転職をサポートしているキャリアフォーラムには、たくさんの企業が毎年参加しています。ボストンで行われたキャリアフォーラムに参加した際にも、外資系企業だけでなく、日系のグローバル企業のグローバル人材へのニーズは活発でした。

理想的なキャリアを歩むには、コアとなるプロフェッショナル能力を磨きながら、英語を勉強し、グローバル人材になるしかありません。

もし英語を話すことができると確実に世界が広がります。自分の将来を切り拓きたいあなたこそ、英語を勉強し、世界に挑戦するスタートラインに立ちましょう。

48 早期から具体的な目標を設定する

「留学を1～2年も経験すれば、英語はペラペラになるのではないか？」

「地道に英語の勉強なんてばからしい」

そう思われる方もいるかもしれません。ここだけの話、私もそう考えていました。

帰国子女でもない私ですが、「留学すれば、知らないうちに英語がペラペラになって日本に帰ってくることができる」と考えていたのです。


しかし、留学後に待ち構えていたのは、想像以上の困難でした。

まずは、質問されている内容が分からない。もちろんそれでは質問に答えられるわけもありません。「こんなハズではない」と思いながら、理想のペラペラな状態にも近づく気配はなく、留学後のはじめの数ヶ月はあっという間に過ぎていったのです。

結論からいいますと、1～2年の留学ではペラペラになることは難しいと思います。

しかし、英語環境に慣れてくると、きれいな英語が話せなくても、**何となく身振り手振**

POINT

「意思疎通のできる英語を身につける」という目標を設定する

りを交えながら、意思疎通を図ることができるようになってきます。これが「サバイバル英語」を話せるようになった状態です。

しかし、留学先や大学では、友人が英語の体裁を直してくれることはありませんので、そのままの何となくの英語をこなしていってしまうという弊害もあります。

私はボストンに留学するまで長期海外経験もありませんでしたし、学生時代にホームステイに行ったこともありませんでした（学生時代に部活動が忙しくて参加できなかったというのが言い訳です）。

しかし、留学への目標を研修医の頃に設定したので、留学前にはNEW ENGLAND JOURNAL OF MEDICINEという英語の医学雑誌を購読したり、英会話学校に通ったりして準備を進めていました。このような努力は全く実を結ばなかったわけではありませんが、今思うと、「ペラペラになる」という曖昧な目標ではなく、**「世界の人々と意思疎通のできるグロービッシュや、海外で生活できるサバイバル英語を身につける」という具体的な目標を早期から設定すべきだった**と思います。

49 「正しい英語」でなくていい

英語の必要性をはじめて感じたのは、２００９年に行われたＷＨＯ（世界保健機関）失明予防プロジェクトのアジア会議に、日本人の代表の１人として参加したときのことです。

私の所属している順天堂大学の眼科は、ＷＨＯのアジア支部として、アジアの失明予防プロジェクトの一翼を担っています。

タイのコラートで行われたこの会議には、アジア21ヶ国の代表が集まりました。私は日本の代表として参加しているわけですから、医療先進国として、日本の医療制度や地域医療政策などについて発表し、各国に向けて提言を行う必要がありました。

英語のプレゼンテーションは何とかこなしたものの、ランチやレクリエーションの場では、アジア特有のなまりの強い英語を全く聞き取ることができませんでした。しかし、私以外の他の参加者は笑いながら上手にコミュニケーションをとっています。今でも忘れられませんが、私はみんなで食事をするのもつらく、昼休みは近くを散歩して時間をつぶしたことさえありました。

今考えると、この聞き取れなかったアジアなまりの英語がまさしく、グロービッシュに他ならなかったのです。

グロービッシュは英語を学問としての英語ではなく、ただの意思伝達におけるツールとして捉えます。英語圏で生活していくための「伝われば十分」という、非ネイティブのための英語です。

失明予防の会議で使われる英語は文法や発音なんて関係ありません。「何を伝えたいか」を協調して身振り手振りで伝えていました。

ハーバード大学の研究室でも、今やそのほとんどが非ネイティブです。そこで使われている英語は、動詞の単元も時制も、複数形も関係ありません。相手に伝わる簡単な英語が話されているのです。

世界を見ても、**今や英語を話す人の78%は非ネイティブ**と言われています。つまり、私たちが英語でコミュニケーションをとるであろう相手は、そのほとんどが非ネイティブで、そこでは、ネイティブのようなきれいで正しい英語は求められていないことを理解しておく必要があります。

POINT

意思疎通さえできれば、「英語を話せる」と言っていい

アメリカで生活していても、英語の語学レベルは本当に様々で、スペイン語なまりの片言の英語から、いわゆるネイティブイングリッシュを話す人までが共存しています。しかし、**意思疎通さえできれば、英語は話すことができるという認識**が一般的です。街角のクリーニング屋でも、タクシーでも、コミュニケーションをとることができれば全く問題ないのです。

グローバル人材に必要なのは、文化や政治的背景が異なる人にも意思を伝えることのできる能力です。正しい英語を話さなければいけないというマインドセットから脱却し、**英語は「伝える」ためのツールに過ぎない**という意識改革を行いましょう。

50 英語を勉強する目的を具体的に描く

英語の勉強においても目標設定をすることが一番大切です。ここまで本書を読んできた皆さんはお分かりのとおり、英語の勉強でも、何がムダで、何をやらなければいけないかを視える化し、ゴールを明確にしましょう。そうすれば、英語の勉強を効率的に進められるようになります。

先ほど述べたとおり、グロービッシュやサバイバル英語を身につけることが、現実に即したムダのない英語の目標設定です。

さらにいえば、忙しい人ほど、**「何のために英語を勉強するのか」**についてよく考える必要があります。英語でディスカッションしたい、英語で論文を書きたい、プレゼンテーションを上手に行いたいなど、目標とすべき英語は人それぞれで異なります。社内昇進のためにTOEICの点数が必要な人もいれば、世界一周旅行するための英語が必要な人もいるでしょう。このように、英語の最終目標は人それぞれ違うのです。

例えばプレゼンテーションに一番重要なスキルはスピーキングで、あとは質疑応答に

POINT

英語を学ぶ目的は人それぞれ違う

対するリスニングです。ここで、ライティングやリーディングを鍛える必要はあまりありません。もちろん、総合的に取り組むことは、英語力の向上には良いですが、あなたの目標を達成するためには効率的とはいえません。そこで、思い切って、スピーキングとリスニングの勉強に照準を絞ってしまいましょう。プレゼンテーションのスキルが上達したら、あとで他の勉強もすればいいのです。

ここで注意しておきたいのが、**英語の勉強をすること自体を目的としてはいけない**ということです。英語の勉強は、自分にとって必要なツールとしての英語のスキルを身につけるための勉強ということを肝に銘じておかないと、いくら時間をかけて英語を勉強しても実用性のある英語は身につきませんので、忘れないようにしましょう。

英語を勉強する目的を具体的に描きましょう。

英語学習において、目標に関係のない「ムダ」を取り除き、効率的な勉強をすることで、忙しいビジネスマンも目標を達成することができます。**何を勉強し、何を勉強しないかを明らかにし、自分の英語の目標をかなえるために必要なスキルのみに集中して勉強しましょう。**

51 目標をしぼって、必要なスキルのみを勉強する

英語力を高めて何をしたいのかを明確にしたら、次には目標をより細分化しましょう。例えば、1年間で英語でのプレゼンテーション能力を大きく躍進させることが目的ならば、そこにたどり着くまでの半年後、3ヶ月後、1ヶ月後、1週間後、そして日々の学習でどのレベルに到達している必要があるかを明確にして、目標をより具体的に細分化するのです。

この際に**「目標に必要な能力のみにしぼって勉強する」**ことが大切です。短期間で英語力を上達させ、目標となる能力を身につけるには、ムダな勉強は省いて、必要な能力を集中的に鍛えるほうが効率的です。

英語の勉強をしていると、壁にぶつかるような感触が何度かあることでしょう。英単語をいくら覚えても忘れてしまう、いくら勉強しても早く英文を読めるようにならない、リスニングがいつまでたっても聞こえない……などと感じる時期があるかもしれません。

POINT

成績が伸びないときもあきらめずに学び続ける

成績の伸び方

成果と時間は比例するのではなく、実際は階段状に伸びる

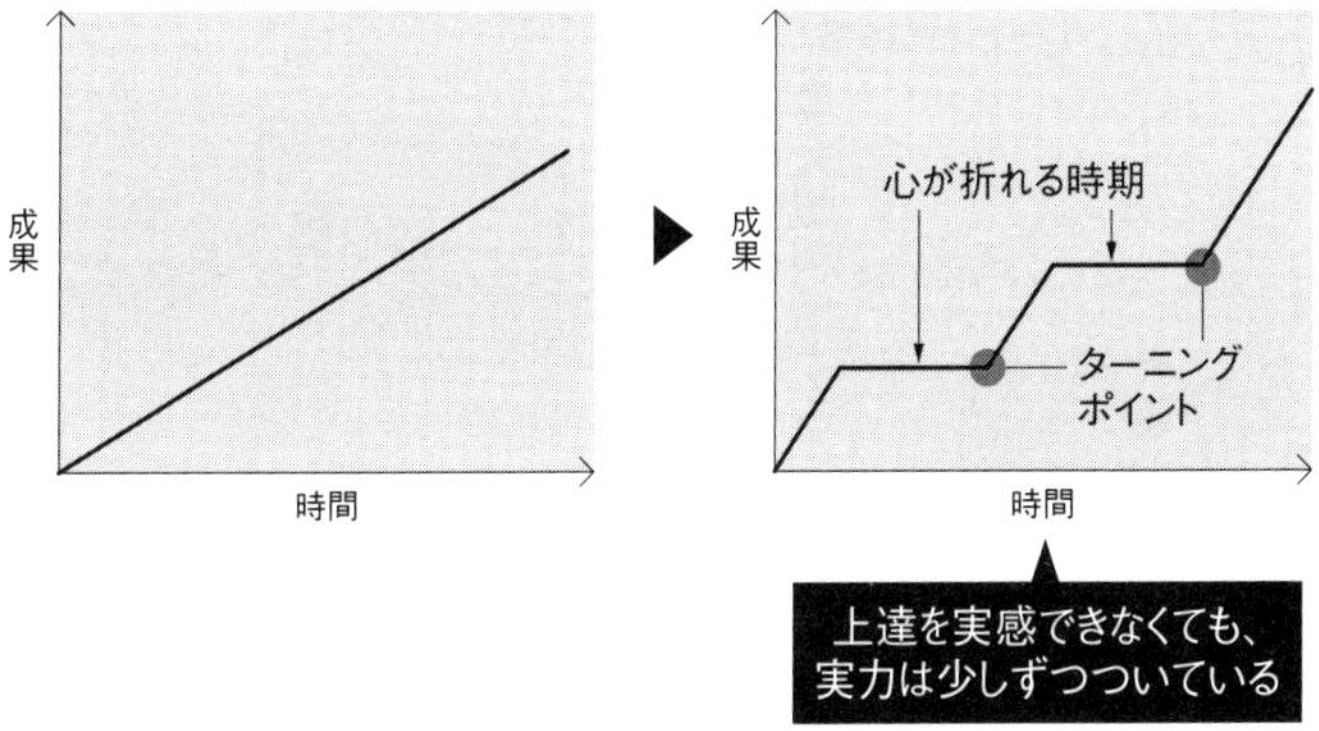

しかし、現実のレベルアップは右肩上がりではなく、階段状であることが多いため、ブレークスルーが来て、ある日突然上達を感じるものです。

大切なのは、勉強をやってもやっても上達しないときに、心が折れないようにすることです。上達を実感できないときは、階段の踊り場にいるときです。確実に地力はついてきているということを理解しておきましょう。

52 英語の勉強時間を確保する

英語の勉強で一番大切なことは時間を確保することです。仕事があると、どうしても勉強は後回しになりがちです。そのために目標としていた勉強時間を確保できず、敗北感を味わい、いつまでたっても勉強量が増えず、知らないうちに勉強すること自体を止めてしまう……そんな悪循環に陥ります。

そうならないためには、**英語の勉強のための時間をまずスケジュール帳に組み込む**ようにしましょう。また、リスニングや英単語の暗記など細切れの時間でもできる勉強は、**スキマ時間を最大限利用する**ことで効率化していきます。

しかし、計画をどんなに綿密に立てても、なかなか思いどおりにはならないもの。ここでも「小さな進歩」を意識しましょう。はじめから大きな目標を立てるのではなく、実現可能な目標を立て、無理のない範囲で目標を達成していくのです。

はじめは、「英単語を1日10個覚える」でもかまいません。立てた目標を達成することが次への自信につながり、少しずつ勉強時間をのばしても体がついていけるようになります。このようにすることで、仕事をしながらでも英語の勉強を1日2時間確保でき、それが苦にならなくなるのです。

勉強時間を確保する方法は、成功体験を少しずつ積み重ねて、少しずつ勉強時間を増やしていくことです。こうすることで、自信にもつながり、英語の勉強をすることが楽しくなるはずです。

朝活で英語時間を確保する

物理的に時間を確保する方法として一番おすすめの方法は、朝の時間を英語の勉強にあてることです。

夜は、何時に終わるか分からないような急な仕事が入るかもしれませんし、あるいは同僚や上司から飲み会に誘われるかもしれません。

夜の仕事で疲れた脳に鞭を打つよりも、少し早起きして英語の勉強に時間を回しましょう。**朝の一番脳がクリアな時間に英語を勉強することは、脳のメカニズム的にも有効**といわれています。

POINT

スキマ時間とまとまった勉強時間を効果的に使い分ける

私も留学前には朝の時間を英会話にあてていました。朝のスケジュールは急に変わることはありませんから、継続することができます。これが夜だと、「緊急手術が入ったから英語の勉強はキャンセルしよう」などと、英語の勉強をしないそれらしい理由を作って逃げ出してしまうことがあります。逃げ出す理由を作ることのできない環境に自分を追い込みましょう。

スキマ時間を英語の勉強に使えばさらに効率的になります。**リスニングや単語の暗記などのインプットの勉強はそのようなスキマ時間にこなしてしまい、貴重な朝の時間は、スピーキングや英語でのディスカッションに時間を投資するべきです。**

53 TOEFLをペースメーカーにする

グローバル化の波が押し寄せてきています。楽天やユニクロが英語を社内公用語に定め、TOEICは昇進に必要なものとなりつつあります。

しかし、TOEICについていえば、現在使用している国は日本や韓国だけで、留学には役立ちません。せっかく英語の勉強をするのであれば、海外留学や研究費取得の際に必要となるTOEFLを勉強することをおすすめします。

さらにいえば、海外のMBAなどのトップスクールは、TOEFL・iBT（Internet Based Test）で120満点中100点以上が必要とされます。この点数は、留学に行きたいと思ったときにすぐに取得できるものではありません。**留学を考えている方は、TOEFL・iBT100点を目標として、前もって勉強をしておく必要があります。**

TOEFLは、以前はPBT（Paper Based Test）が一般的で、リスニング、文法、読解という3つのセクションから成っていました。

しかし、2006年からTOEFL・iBTが導入されています。iBTは読解

(Reading)、リスニング(Listening)、スピーキング(Speaking)、ライティング(Writing)の4つのセクションからなり、それぞれのセクションが30点満点、合計120点満点のテストです。

一番の変更点は、スピーキングのセクションで、パソコンに向かって解答を吹き込むかたちになったことです。試験時間は約4時間と気の遠くなる長さです。

ビジネススクールに入学してから痛感したのが、TOEFLの出題内容は実際の大学生活や日常生活を想定して出題されるので、どれも学んでおいて損はないということです。

例えば、読解で求められる速読は、ビジネススクールの膨大な宿題をスキミングするうえで必要な能力ですし、スピーキングで自分の意見を即座に言える能力は、ケーススタディのディスカッションで必要不可欠です。リスニングも、実際の講義を聞いて内容を要約する問題や、その内容についての意見を発言する際に欠かせません。

TOEFLは総合的な英語能力を図るものさしとしても、受験する意味があると思います。

ただし、あなたの目標に対して必要ではない能力も含まれてしまう可能性があることに注意が必要です。もしあなたの目標が「英語で交渉すること」なら、TOEFLのうちリーディングやライティングは目標の成就に直結しません。その場合は、スピーキングやリスニングの点数だけ評価項目にしてもいいかもしれません。

私はTOEFLの試験を英語の勉強のペースメーカーにしています。

まずは海外留学の日程に合わせてTOEFLの目標点数を設定しました。その後、TOEFLの試験の結果で足りないところを埋め合わせるように勉強していくのです。TOEFLの試験を2ヶ月毎、1ヶ月毎に受けることで、自分の勉強の進捗を目に視える形で把握することができます。

スポーツでもただ練習しているのと、試合を目標に練習を重ねるのでは、上達のスピードが違います。同様に語学学習も、目標から逆算してマネジメントすることが上達への近道です。

POINT

語学学習においても、目標に合ったものさしを持つ

54 忘却曲線との戦いを制して、英単語を覚える

英語の勉強で避けて通ることができないのは、単語の暗記です。これぱかりは量をこなすしかありません。

人間が暗記できる量は、忘却曲線というものに従います。この忘却曲線を上回る量を暗記していかないと、忘れる量のほうが多いため、基本的に単語の絶対量の上昇は見込めません。**忘れる量以上の量を暗記していく以外に方法はない**のです（次ページ図）。

単語の暗記は、筋トレのようなものです。筋トレは継続しないと、筋量を保てないばかりか、減少していきます。

単語は頭の筋トレと割り切って、習慣化して覚えていきましょう。

とはいっても効率の良い勉強法があります。それは、**一度覚えた単語にムダな時間をかけない**ことです。単語帳でも、一度覚えてしまった単語は二度と勉強しないくらいでいいいと思います。

エビングハウスの忘却曲線

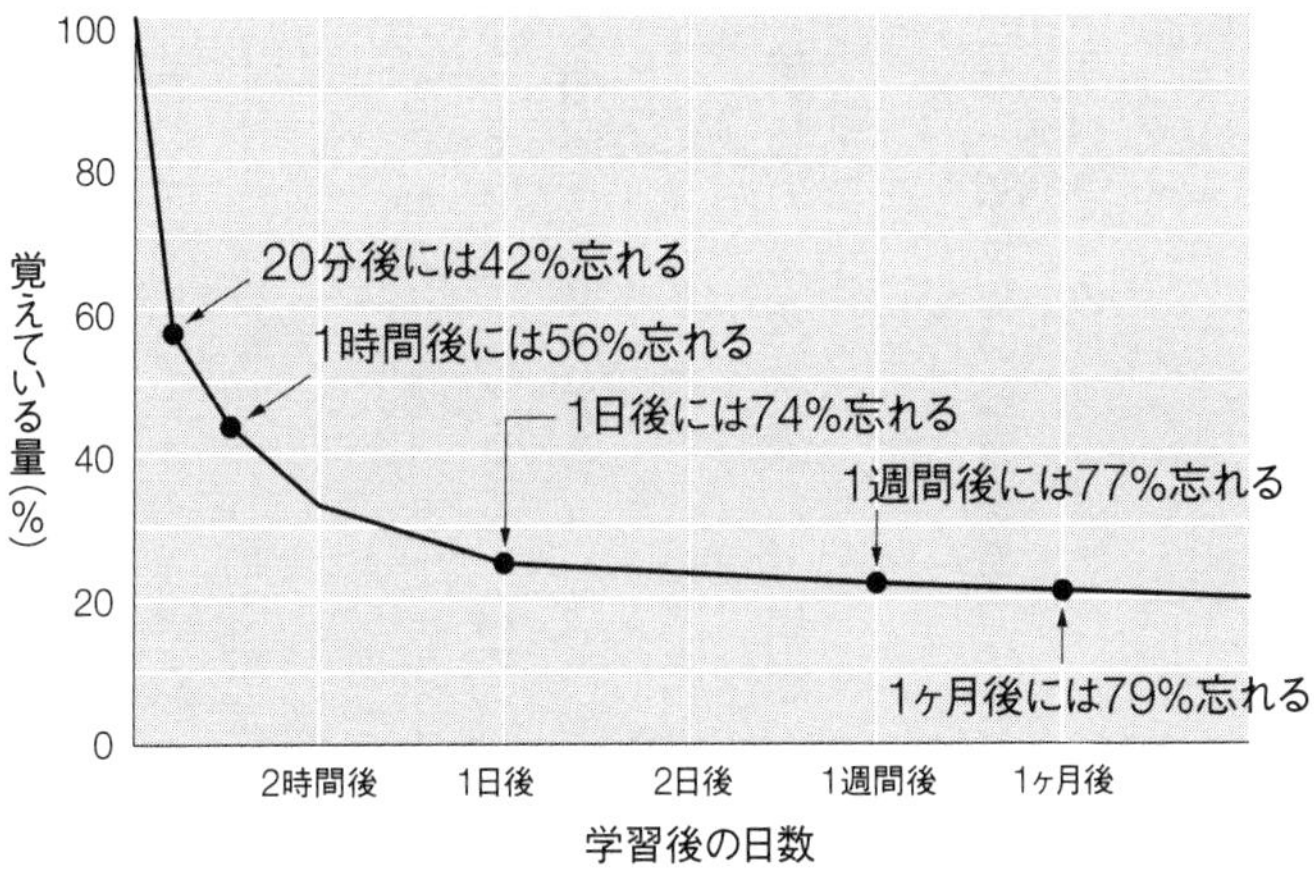

私の単語勉強法は、1ページ毎にまずは意味を見ないでどれくらい知っているか確認します。意味の分からなかった単語の横に印をつけておきます。1ページ終わったら、分からなかった単語だけ再度同じことをします。あとはこの作業を何度か繰り返してすべての単語を覚えます。

さらに、一度もチェックがつかなかった単語は二度と見ないようにしています。もちろん、忘れてしまう場合もありますが、一度覚えてしまった単語は覚えている可能性が高いので、同じものに時間を投資するよりも、知らない単語を覚えるのに、時間を費やしましょう。

2周目は知っていた単語はやらなくて

いいので、短い時間で終わらせることができます。ページ毎に暗記の作業をやるのですが、やはり数日経つと前のページを忘れてしまっていることがよくあります。しかし、あまり気にする必要はありません。それでも継続していれば覚えている量が忘れる量を上回りますので、英単語の絶対量は増えていきます。

ここで、私が小学生の頃に父親から教わった英単語の効果的な覚え方をお教えしましょう。それは、**眼で見て、口で読んで、耳で聞いて、手を動かすことで、見るだけよりも4倍脳を刺激できる**というものです。

ひたすら英語の文章を読んで単語を吸収する

他には、**知らない単語があってもいちいち調べないで、論文や英語の文章を乱読する**という方法があります。

単語の意味が分からないと気持ち悪くて読み進められないという方もいるかもしれませんが、気にせずに通して読んでいると、1語や2語くらい意味の分からない単語があっても、大筋の内容は理解できるはずです。人間はすごいもので、分からなかった単語の意味を最終的には直感的に理解することができるのです。

ビジネススクールのケーススタディの授業では10ページ前後の論文のようなものを読み込む必要があります。そこでは、当然のことながら私の知らないビジネスの単語が頻繁に出てきます。しかし、半年も経つと違和感なく読み進めることができるようになりました。このようにたくさん読み進めることで英語の文章はいつの間にか読めるようになっているものです。実はこれが一番英語単語の吸収に役立ちました。

一度覚えた単語にムダな時間をかけるのではなく、新しい英語にたくさん触れることで、忘却曲線に打ち勝ちましょう。

ここでは、あえて暗記ということばでなく、**吸収**という言葉を使いました。それは、英単語を暗記しようとして覚えるのではなく、英文章をたくさん読むことで知らないうちに単語の意味を分かってしまうようになるからです。

というのも、文章の中で見た英単語は、文章のストーリーとともに記憶されます。そして、ストーリーから文章の意味を知らないうちに推測することができるようになります。そして、推測した意味はストーリーとともに覚えているので、印象に残り、長期間忘れません。

POINT

英語の文章を多読し、ストーリーとともに単語を吸収する

あなたも小さい頃に読んだ『ドラゴンボール』や『スラムダンク』のストーリーを一語一句覚えていると思います。このようにストーリーによって記憶されたものは、長期に保存されることが多いのです。

しかし、単語帳では、どうやってもストーリーを付加することができません。ですから、なかなか長期間覚えていることができないのです。

英単語を覚えるには、英語の文章を多読することがおすすめです。そうすることで、ストーリーとともに英単語を吸収しましょう。

55 英語でネットサーフィンする

これからは、海外から情報を直接取得できる人とできない人との間で、深刻な情報格差が起こっていくでしょう。

今日、インターネットを介して多くの情報を得ることができるようになりました。しかし、日本語だけで情報を取得するのと、英語でも情報を取得できるのとでは、その情報量には雲泥の差があります。

私たちが日本語で長文を読む際には、無意識的に必要な情報だけを拾い読みして、全文を読むようなことはないと思います。いちいちすべての文章の意味を考えていたら、いくら時間があっても足りませんよね。知らず知らずのうちに、気になるフレーズやキーワードだけを重点的にピックアップしているはずです。

なのに長文の英語になると、それがうまくできなくなります。それは、英語の文章は細切れに捉えてしまい、文と文のつながりを理解することができていないからです。

このスキミングといわれる能力を鍛えることができるのが、実はネット検索をしているときです。

普段インターネットをしないという人はほとんどいないと思います。しかし、その検索を英語で行っている人は少ないのではないでしょうか？

膨大な量の情報の中で、いかに必要な情報を英語でつかむことができるか。**日常のネットサーフィンの中で、英語で検索を行うことで、その能力を鍛えることができます。**

以下、おすすめの英語サイトです。自分の興味のある分野から始めるのが取っつきやすくておすすめです。私であれば、英語のテニスのサイト（ATP World Tour）をよく見ていました。

- THE WALL STREET JOURNAL
  http://www.wsj.com
- THE ECONOMIST
  http://www.economist.com
- USA TODAY
  http://www.usatoday.com

ネットサーフィンで英語の速読力を身につける

- FINANCIAL TIMES
  http://www.ft.com/home/uk
- Nature
  http://www.nature.com
- ATP World Tour
  http://www.atpworldtour.com

POINT

10-Kを読んでリーディングスキルを鍛える

英語を「早く」読めるようになりたい――。このような目標を持つ人に必要な英語の能力として、重要な場所のみを探し出す能力がスキミングです。

せっかく英語のスキミング能力を鍛えるならば、ビジネスにも役立つ方法がおすすめです。それが、**英語の決算報告書「10-K（テンケー）」を活用する**という方法です。

10-Kは米国の証券取引所に上場する企業が、株主に向けて作成する業務報告書のことです。10-Kには企業の最新情報が凝縮されていて、下手なビジネス書を読むよりも勉強になります。

決算のデータや会計用語など必要な知識がなければ分からないところも確かにありますが、そのほとんどは、世界中にいる様々な人種の株主にも理解できるよう、平易な英語表現で書かれています。しかもインターネットで「企業名」＋「10-K」と検索すれば、無料でPDFファイルをダウンロードして読むことができます。

ぜひ挑戦してもらいたいのが、会社の企業理念や重要視している分野、投資先や企業の抱えているリスクなどにざっと目を通して、会社のビジネスモデルを理解するという方法です。この際に、分からない単語は気にせず読み進めて構いません。重要なのは、時間を決めてざっと読み、ビジネスモデルを理解するということです。

この方法を練習することで、速読しながら、文と文のつながりや内容を理解することのできる、スキミングの能力を身につけることができます。この方法はビジネススクールでたくさんの課題とされていた10－Kを読むことで、スキミング能力が向上した実体験に基づいています。

忙しい社会人の皆さんは、難しい英語の本を読むよりも、皆さんの業種と関連のある企業の10－Kから読んでみましょう。

10－Kの読み方

それでは具体的な10－Kをお見せしましょう。次ページに掲載したのは、アマゾンの10－Kです。これはインターネットで「Amazon 10k」などと検索すれば、誰でも無料

amazon.com の10-K（英文決算報告書）

AMZN-2013.12.31-10K

10-K 1 amzn-20131231x10k.htm FORM 10-K
Table of Contents

UNITED STATES
SECURITIES AND EXCHANGE COMMISSION
Washington, D.C. 20549

FORM 10-K

(Mark One)

☒ **ANNUAL REPORT PURSUANT TO SECTION 13 OR 15(d) OF THE SECURITIES EXCHANGE ACT OF 1934**
For the fiscal year ended December 31, 2013

or

☐ **TRANSITION REPORT PURSUANT TO SECTION 13 OR 15(d) OF THE SECURITIES EXCHANGE ACT OF 1934**
For the transition period from to .

Commission File No. 000-22513

AMAZON.COM, INC.
(Exact Name of Registrant as Specified in its Charter)

Delaware	**91-1646860**
(State or Other Jurisdiction of Incorporation or Organization)	**(I.R.S. Employer Identification No.)**

410 Terry Avenue North
Seattle, Washington 98109-5210

で手に入れることができます。

はじめに挑戦してほしいのは、BusinessやRisk Factorsの部分（左ページ）です。Businessの部分を読むことで、企業のビジネスモデルや概要をつかむことができます。Risk Factorsの部分では企業の直面する問題点や脅威が述べられ、企業の潜在的なリスクを評価することができます。ここまでスキミングすることに慣れてきたら、決算のデータを確認し、お金の流れを理解することで、企業を英語で分析することができるようになります。

10－Kを読むことで、英語のリーディングに必要なスキミング能力だけでなく、

POINT

英文決算報告書で、海外企業のビジネスモデルとビジネス・ボキャブラリーを身につける

amazon.com の10-K（英文決算報告書）目次

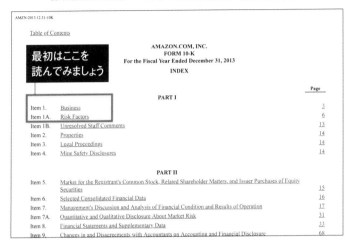

AMZN-2013.12.31-10K

Table of Contents

最初はここを読んでみましょう

AMAZON.COM, INC.
FORM 10-K
For the Fiscal Year Ended December 31, 2013
INDEX

ビジネスの場で使う単語や言い回しも覚えることができます。ぜひ、実践に即した10－Kでリーディング能力を向上させてください。

57 リスニングスキルは映画やTEDで磨く

リスニングは、ビジネスの場における交渉や、プレゼンテーションなどの場で必要になる重要なスキルです。

リスニングを鍛える方法としては、**好きな映画を英語字幕つきで繰り返し見る**という方法がおすすめです。口語で使われる言い回しを覚えることもできるので、スピーキングにも応用できます。「映画を見るだけで外国語を覚えられるなんて……」と、私もはじめは半信半疑でしたが、ＭＢＡの同級生のアメリカ人も日本に仕事に行っている際に、この方法で日本語を勉強したとのこと。なんと、彼は今では、日本語はペラペラ、奥さんも日本人をもらっています。

なぜ映画がいいかというと、耳で聞いて、目で字幕や映像を見ることで記憶への定着力が上がるからです。とりわけ、好きな映画を繰り返し見ることをおすすめします。それは、忘れる前にもう一度覚えることで、記憶の定着率が上がることが実証されているからです。

エビングハウスの忘却曲線と復習の関係

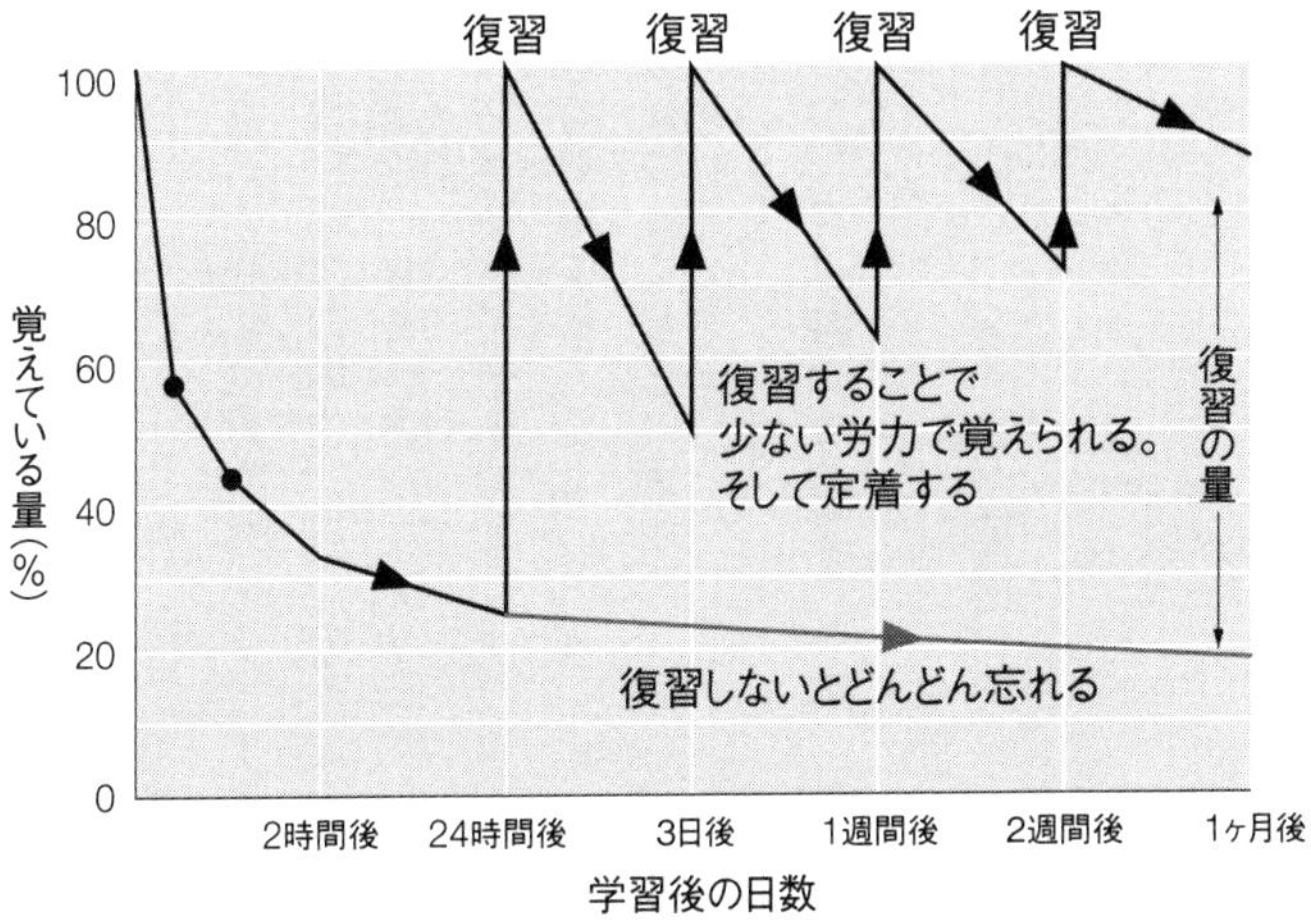

このように反復して勉強することで、通常の3〜4倍の定着率を得ることができます。忘却曲線によると覚えている量は1〜2日後に急激に減少しますので、その間に復習を行うことで効率的に覚えることができます。

このことから、**復習は1〜2日以内にすることが、効率を考えると科学的に良い**といえます。同じ内容を次の日にやることは、進歩を感じにくくなるかもしれませんが、結果的に時間を節約することができます。

映画を見る時間がない方には、**「TED」**もおすすめです。

TED（www.ted.com）はビジネス、

POINT

リスニングは反復して復習するのが効果的

芸術、科学など様々な分野の第一線で活躍する人々が、自分の仕事や研究内容、思考法を英語でプレゼンテーションするイベントです。

ＴＥＤはいつでも繰り返し視聴できるうえに、英語や日本語の字幕も見られるため、リスニングの強化に役立ちます。ＴＥＤの良いところは、話し手が、プレゼンテーションという枠組みの中で、自分のコンテンツをいかに聞き手に伝えるかに重点をおいているため、話の構成や間の取り方、声の抑揚、ボディーランゲージなどを視覚的に捉えながらリスニングできるので、より実践に近い形でリスニングを学べることです。さらに、第一線で活躍する人たちのスピーチを聞くことで、仕事の刺激になるだけでなく、教養まで身についてしまいます。

リスニングは耳だけで覚えるのではなく、目や感動を使って全身で学習しましょう。

58 スピーキングはアウトプットを意識する

スピーキングのスキルは、アウトプットをどのくらいしたかで上達具合が変わるといわれています。しかし、そのアウトプットも、ただ練習すればいいというわけではないと考えています。

難しい表現をたくさん知っていればスピーキングは万全かというと、そんなことはありません。**いかに「当意即妙に」応答できるかが、スピーキングに必要なスキルです。**

この能力の向上には、どうしてもアウトプットを増やさなければいけません。海外に留学すれば、自ずとアウトプットの量は増えますが、日本にいるとなかなかこの点は苦労するかと思います。

そこで、英会話学校やスカイプを通した英会話サービスを利用してアウトプットの場を構築している人も多いのではないかと思います。

私自身も、英会話学校やスカイプを通じてアウトプットのトレーニングをしましたが、実際にビジネススクールのディスカッションのような場でこそ、スピーキング能力が最も鍛えられるように感じます。英会話スクールやスカイプではプレッシャーが少なく、成長曲線が遅いように感じます。

ですから、**ディスカッション形式の少人数制の英会話が一番スピーキング能力の向上には理想的**のように思います。自分の意見と相手の意見がどのように異なっているか、どうすれば説得し、理解してもらうことができるかを英語で話すことができれば、スピーキング能力はビジネスレベルまで引き上げられているでしょう。

英語で自己紹介できるようにする

なお、**スピーキング上達の早道は、英語で自己紹介を完璧にできるようにすることです。**なぜなら、自己紹介は最も多くの場面で使う英語です。学校でも、職場でも、はじめて会った人には必ず自己紹介をしなければいけません。

自分の名前は○○で、どこで何の仕事をしている、趣味は××ですなどと、すぐ言えるようにしておけば、こいつは英語ができないなとは思われず、その後の話も盛り上が

POINT

スピーキングの訓練には、自己紹介とディスカッションが一番

るというものです。

自己紹介を流暢に行うためには、自分のことを理解しておく必要があります。そこでおすすめの方法が、**英語で履歴書やリンクトイン（LinkedIn）などを作成し、定期的に更新しておく**ことです。

日常からこうしたことに慣れていれば、自分のことを英語で理解することができ、スピーキング能力も自然と身についていきます。また、ライティングの練習にもなりますので、ぜひ試してみてください。

59 英語で履歴書を作成する

英語を話せる人になる第一歩は、**自分は何者で、どんな仕事をしていて、趣味は何なのかといったことを英語で説明できるようになる**ことです。それを習得するのにおすすめなのは、英語で履歴書を作ることです。

英語の履歴書は海外留学の出願に必要な書類であるだけでなく、あなた自身の職務経験や個人的な経験を振り返るのに役立つとともに、英語であなたを表現する際に有用なツールになります。英語で履歴書を作成することは、ライティングの訓練だけでなく、スピーキングの準備にもなります。

しかし、英語で自己紹介するためは、自分自身を振り返り、一度英語で整理しておく必要があります。

参考までに、次ページに私の英文履歴書をのせておきます。これをテンプレートとして使っていただくことで、英語の履歴書を作成することができると思います。

私（猪俣）の英文履歴書

Takenori Inomata

Boston, MA 02114
Tel: +1-***-***-**** email: **********@*****.harvard.edu
LinkedIn: www.linkedin.com/in/inomata0521/
Citizenship: Japan

PROFESSIONAL EXPERIENCE

Harvard Medical School, Schepens Eye Research Inst., Mass Eye & Ear — Sep 2012-Oct 2015
Postdoctoral Research Fellow
- Research mechanisms of regulatory T-cells in corneal transplantation in lab mice for possible later application to human patients
- Coordinate with international team of medical doctors and research scientists
- Ultimate research goal is to eliminate rejection of corneal transplantation and to elucidate the mechanisms of immunity in corneal transplantation

Juntendo University Hospital, Ophthalmology Department — Apr 2008-Oct 2012
Assistant Professor & **Physician**
- Taught basic practical methodology and patient care to new doctors, residents, nurses and other practitioners
- As physician, I performed eye surgeries including for cataracts, glaucoma, refractive surgery, laser treatment for retinal disease and corneal transplantation

University of Tokyo Hospital, Residency — Apr 2006-Mar 2008

EDUCATION

MBA, Boston University, Questrom School of Business — Dec 2013-June 2015
Ph.D, Medicine, Juntendo University, School of Medicine — Apr 2008-May 2012
MD, General Medicine, Juntendo University, School of Medicine — Apr 2000-May 2006

CERTIFICATIONS

Certified Specialist Ophthalmology Registration
Occupational physician License Registration
Japanese Medical License Registration

ADDITIONAL EXPERIENCE

Founder, Japan-Global Medical Career Support, Tokyo, Japan — 2014-Present
Producer, Independent Film Maker, Tokyo New Cinema, Japan — 2013-Present
Organizer, Harvard Lab Tour for Japanese high school students, MA, US — 2013, 2014
Manager, Led seminar for young ophthalmologists, Japan — 2012-Present
Founded & managed, Study session for graduate students, Japan — 2010-2012
Participant, Regional Blindness Prevention by WHO, Thailand — 2009
Investigator, Rural Immunization Project, Yunnan province, China — 2002

評価される履歴書のポイントは、受け身の表現を使わず、必ず主体的に記載することです。そうすることで、主体的にキャリアを形成しているとみなされます。

さらに、職場の部署名だけでなく、**そこで果たした役割や責任、達成したことを具体的に書く**ようにしましょう。できるだけ具体的な数字を用いて書いたほうが説得力が増します。

またここでも、職歴や学歴以外にもボランティアやリーダーシップ体験などが重要な評価対象になるということを忘れてはいけません。

逆算的に、1〜2ページの履歴書を埋めることができるくらいの経験を積んでおくことが必要です。あまりにもスカスカだと、評価が悪くなるばかりか、見栄えが悪くなってしまいます。

このように英語の履歴書を作成することは、英語で自分自身を表現するネタとなります。

「留学したい」「外資系企業に転職したい」といった目標を立てた人であれば、逆算して、その履歴書が充実するような経験をするように心がけていきましょう。また、当面

POINT

英語で自分のキャリアを棚卸しする

そのようなつもりがない人でも、自分の実績や強みを整理しておくことで、主体的なキャリア形成を行うことができます。

60 英会話では「分かったフリ」をしない

スピーキング上達で一番大切なことは、英会話の中で「分かったフリ」をしないことです。

多くの日本人は、分からないことは恥ずかしいことだという先入観があるので、もし分からなくてもうなずいてしまうということがあると思います。

しかしこれでは、ディスカッションが白熱し、意見を求められたときに答えることができません。

私は、会話の中で分からないことがあれば、すぐに「どういう意味？」と質問します。そうすると、ほとんどの人が別の表現や、簡単な単語を使ってもう一度説明し直してくれます。

もし、何を言っているかうまく聞き取れなかった場合でも、もう一度言ってもらうか、内容を予想して何らかの返答をするようにしています。そうすることで、もし間違っていても、相手からもう一度質問してもらえます。もし、私がここで何も言わなければ、相手は私が理解してくれたものと判断してしまいます。

POINT

分からない言葉があれば、勇気をもって聞き返す

これでは、いつまでたってもスピーキングもリスニングも上達しません。

英語が使えないという日本人の最大の問題点は、英語の得手不得手ということではなく、相手とのコミュニケーションをとろうとしない姿勢にあります。日本人の多くは、英語の苦手意識から、分からないときも分かったフリをしがちですが、勇気をもって聞き返すことが肝心です。

積極的なコミュニケーションをとろうとする姿勢を見せることが重要なのです。

61 ライティングはグーグルを使って学ぶ

ライティング能力を向上させるのには、まず単語力が重要になりますが、英作文の完成度はグーグル翻訳やウェブを用いることで高めることができます。

グーグル翻訳は便利ですが、長文だと正確に変換されません。しかし、英文のイメージとなる文章をつかむことはできます。**私はまず、グーグル翻訳にて変換した文書を読んで、その後に自分で英語の文章を作成し直します。**この際に丸写しにするのではなく、イメージのみを拝借するようにしています。その後、自分で作成した英語の文章をグーグル翻訳に再び挿入して、正しく日本語に翻訳されるか逆翻訳して確認しています。

さらに重宝しているのが、**グーグルの検索にセンテンスをそのままかける**という方法です。間違った表現方法でなければ、同じ英文が書かれた英語のページが引っかかります。さらに精度を高めたい場合は英文の前後を「"」「"」で囲んでフレーズ検索を行うことで、ネイティブにチェックしてもらう必要がなくなります。

POINT

自分で書いた英語の文章をグーグルで確認する

ちなみに、ビジネススクールのネイティブのアメリカ人でも、英語の言い回しを確認するときに、グーグルでセンテンスを検索し、英文を確認していました。

このように自分で書いた英語の文章をグーグルで確認することで、独力でもライティング能力を磨くことができます。

62 英文メールはテンプレートで十分

英語の勉強の目的として、英語でビジネスメールをやり取りできるようになりたい人も多いと思います。

英語のメールの書き方は日本と書き方が異なり、最初は戸惑いますが、すぐに簡単にできるようになります。

英文メールは英語での交渉やプレゼンテーションと違って、勉強する必要がありません。**書籍やインターネットに載っている作法をテンプレートとして用いるだけでいいの**です。

Dear Mr. XX,（XX様）
I hope all is well with you.（いつもお世話になっております）
Please find attached the file.（添付資料をご確認ください）

POINT

英文メールに時間をかける必要はない

It will be great if you could send it me by Monday.（月曜日までにご送付いただけますと幸いです）

Best regards Take.

などのテンプレートを用いればいいということです。テンプレートは使っていればそのうちに覚えてしまいますし、忘れてしまった場合は調べればいいだけなので、覚えておく必要はありません。このようなテンプレートは様々な本や教科書、インターネットにあると思いますので、英借文していきましょう。

英語のメールは誰でもすぐにできるようになりますので、そのような勉強の時間は省いてしまい、その時間をスピーキングやリスニングなどの時間に回しましょう。

63 TOEFLおすすめの書籍

近年、社員にTOEICを受験させ、そのスコアを人事評価に反映する企業が増えてきています。書店に行けば、TOEIC対策本が溢れかえっています。

しかし、私があえておすすめするのは、TOEICではなく、TOEFLです。それは、実践の場で必要な「読む、話す、聞く、書く」能力を総合的に鍛えることができるからです。

ここでは、TOEFLのおすすめ書籍をいくつか紹介しておきます。面白いのはMBA留学者や海外留学者は驚くほど皆同じ参考書を使っていることです。このことから、時代は変われど要求されるエッセンスと呼ばれる内容は変わらないということです。

定番といわれる参考書を用い、目標に対する傾向と対策を検討し、SMARTなゴールを設定することが大切です。

POINT

TOEICよりもTOEFLがおすすめ

英単語

ＴＯＥＦＬテスト英単語３８００（ＴＯＥＦＬ大戦略シリーズ）神部孝著　旺文社

問題集

初級

Longman Preparation Course for the TOEFL Preparation Course: iBT (2E) Student Book with CD-ROM, Answer Key & iTests Deborah Phillips著

ＥＴＳ公認問題集

The Officail Guide to the TOEFL Test With CD-ROM, 4th Edition

SUMMARY 5

47 「グローバル人材になる」ということ
48 早期から具体的な目標を設定する
49 「正しい英語」でなくていい
50 英語を勉強する目的を具体的に描く
51 目標をしぼって、必要なスキルのみを勉強する
52 英語の勉強時間を確保する
53 TOEFLをペースメーカーにする
54 忘却曲線との戦いを制して、英単語を覚える
55 英語でネットサーフィンする
56 10-Kを読んでリーディングスキルを鍛える
57 リスニングスキルは映画やTEDで磨く
58 スピーキングはアウトプットを意識する
59 英語で履歴書を作成する
60 英会話では「分かったフリ」をしない
61 ライティングはグーグルを使って学ぶ
62 英文メールはテンプレートで十分
63 TOEFLおすすめの書籍

世界に挑戦する人へのインタビュー3

プロテニスプレーヤー

添田豪氏

2014年の全米オープン決勝での錦織圭選手のインタビューが話題になりました。試合後に敗者が語った言葉が、なぜ世界中の心を打ったのでしょうか。それはわずか、1分足らずのスピーチの間に相手の心を動かす言葉を使っていたからです。

身体能力が秀でているだけで、スポーツの頂点を極めることはできません。なぜなら、自分の能力や限界を俯瞰的に把握したうえで、目標を達成するために何が必要かを戦略的に考え、達成する力が求められるからです。

精神的にも、ネガティブな感情をコントロールし、メンタルを平常に保たなければいけません。さらに、海外の転戦やコーチとのやり取りなど、対人コミュニケーションのスキルも欠かせません。そうしたあらゆるスキルを極限まで高めた優れたアスリートのみがトップに君臨できるのです。

ここで、世界を転戦するプロテニス選手の添田豪さんにお話を伺い、目標・時間管理方法ならびに、英語学習のヒントを学びたいと思います。
添田選手は国内育ちのトップテニス選手として、2012年のロンドンオリンピックに出場、世界ランキング最高47位、グランドスラム本戦にもすべて出場している、名実共に日本の誇るトップアスリートです。

――テニスは1年を通じて世界を転戦する非常にタフなスポーツです。添田選手はどのようにしてスケジュールを決めていくのでしょうか？

「グランドスラムが、オーストラリア、フランス、イギリス、アメリカとあるので、それに合わせて世界を転戦する形になります。細かいスケジュールは大体3ヶ月分くらいを決めています。その後は、ランキングによって出場する大会を変更しています」

――2012年にはロンドン五輪出場、世界ランキング47位を記録しましたが、どのように目標を設定し、達成したのでしょうか？

「オリンピック出場を最大の目標に設定し、出場枠に引っかかるためのランキングを取得するための現実的なスケジュールを組むようにしました。しかし、ポイントをセーブするだけでは成長しないので、節目節目で大きな大会にチャレンジすることで、レベルアップを図りました。その結果、実力とともにランキングも上昇し、ロンドンオリンピック出場、世界ランキング47位を達成することができました」

――添田選手は高校生まで日本でプレーしていたと思いますが、コーチやダブルスパートナー、さらに試合後の英語でのインタビューなどのコミュニケーションはどのように習得したのでしょうか？

「最初はあまり話せませんでしたが、積極的に海外の人に話しかけていくことで、少しずつ話せるようになっていきました。海外転戦する際に英語は必須ですので、映画や音楽を聴いたり、辞書で調べたりして覚えていくようにしました。その結果、耳が慣れてきて、徐々に話せるようになってきました。

飛行機の中では、本を読んだり、映画を見たりして英語の勉強もするようにしています。テニスは世界を転戦するので、時差が辛く、本当は眠ることができるといいのですが、移動時間はなるべく上手に使うようにしています」

添田豪氏 略歴

1984年9月5日生まれ。神奈川県藤沢市出身の男子プロテニス選手。ロンドンオリンピック日本代表。世界ランキング最高47位。グランドスラム本戦すべてに出場。

PART6

結果を出す人の
成長し続ける技術

よく、次のような質問を受けます。「なぜ、MBAをとるのか?」「なぜ、海外に留学するのか?」

それは、「好奇心」を満たすためです。

つまり私は〝好奇心を満たすために〟勉強しているのであって、〝いい成績をとるために〟勉強しているわけではないのです。

ハーバードやビジネススクールで出会った人は、みんなアクティブで、常に好奇心旺盛で新しいことに関心を持つ人ばかりでした。彼らは面白そうなことに対しては、自分の分野でなくても進んで勉強します。

自分が興味や関心があることは自然と知識を吸収することができます。私はテニスが大好きですから、一時期はトップ100の選手はフルネームで覚えてしまっていたほどです。

このように「好奇心を持つ」ことが、勉強を簡単にする秘訣です。優秀な人ほどいろいろなことに興味旺盛です。

自分の専門分野だけでなく、いろいろなことにアンテナを張り、好奇心を持つことから始めれば、勉強もはかどるというものです。

この章では、私の実体験をもとに、モチベーションを上げ、成長し続ける方法を紹介していきます。

64 成功体験でモチベーションを保つ

気分が上がらず、モチベーションが低下した経験は誰にでもあることでしょう。

勉強ではモチベーションを保つことが大きな成果を出すために必要不可欠です。

ノーベル賞をとるような科学者や研究者はどのようにしてそのモチベーションを保って、大きな目標に向かって邁進し続けることができるのでしょうか？


彼らもいきなりノーベル賞をとるような大発見をするわけではありません。数十年、あるいは生涯をかけてコツコツ積み重ねたものが成就し、大きな発見につながるのです。


研究者は研究計画を立案し、仮説をもとに実験計画を組み立て、パズルのピースをひとつずつ解き明かすように、結果を導き出します。

もちろん、仮説が的外れであったり、良い結果が出なかったりする場合もあります。

しかし、彼らは基本的に自分が解き明かしたい、興味がある研究内容を研究しています。

そして、日々の行動は、研究結果という目に視えるカタチで確認することができます。

うまくいかないことも時にはありますが、小さな結果を少しずつ積み重ねることでモチベーションを保ち、最終的に大きな発見につなげるのです。

このように、モチベーションを保つためには**「興味のある充実した仕事の中で、進歩を感じる」**必要があります。それはどんなに小さな進歩でも構いません。そして進歩は「感じれば感じるほど」長期的に生産性を高めることができます。

この**「進歩がモチベーションを生む」という法則**は、案外知られていません。

ハーバードビジネスレビューのTeresa M. Amabileらは、4ヶ月間、1日の終わりに、仕事で感じた感情や職場の雰囲気とモチベーションの関係を調査しました。7つの会社、26のプロジェクトチーム、238人が参加したこの研究では、職場の環境を楽しく感じることや同僚のポジティブな評価などが仕事の生産性を上げ、パフォーマンスを上昇させることを明らかにしました。

そして、前の日の仕事で感じた感情は次の日のパフォーマンスにも影響を与えることが分かりました。76%以上の人が進歩を感じることのできた日には、良い成果を得ていたことが分かりました。

さらに幸いなことに、この研究からは小さな進歩であってもモチベーションを高く保ち、良い成果を上げることが分かったのです。

最も大切なのは**「着実に小さな勝利や進歩を積み重ねる」**ことです。ひとつひとつが小さな進歩であっても、それらは、あなたの内面的なモチベーションを増大させます。さらに小さな勝利や進歩を継続することで、大きな発見や業績につながるのです。

成功体験を積み重ね、自信を手に入れる

大きな目標を成し遂げるために一番必要なことは「自信」を持つことです。自分自身の可能性を信じて努力することが最も必要な能力です。

そして自信は成功体験からのみ得ることができます。この成功体験は小さなことでもかまいません。

私の成功体験は大学時代の部活に起因しています。高校生からテニスを続けてきた私は大学に入るとすぐにレギュラーになりました。しかし、医学部5年生の全国大会決勝で、私にかかったポイントでいつも勝っていた相手に勝利することができませんでした。

当時の悔しさと仲間への申し訳ない想いは今でもトラウマになるくらい覚えています。

その後、医学部6年生の最終学年でリベンジをするという目標に向かって1年間試行錯誤し続けました。どのようにすれば、再びチームを決勝の場に連れていくことができるのか、自分は決勝の舞台でプレッシャーに打ち勝ち、本領を発揮できるのか。

1年後の2度目の決勝戦では、奇しくも再び私に王手が回ってきました。しかし、今度の私は違いました。なぜならば、昨年たどってきた軌跡を何度も反芻し、シミュレーションを重ねてきたからです。

結果的には6年生の最後の大舞台で力を出し切り、全国優勝することができました。この成功体験は今の私にも非常に生きています。「何でも頑張れば夢や目標はかなう、努力は決して裏切らない」ことを、体に、そして意識に深く刻みつけることができました。

この成功体験が自信となり、早期のハーバード大学留学や、ビジネススクール入学への原動力となったのはいうまでもありません。

大学生のときに、後輩に、「部活をやる意義は何なのか」と問われた際に明確な解答をすることはできませんでした。しかし、今ならば、それは成功体験やチームのマネジメントの経験をすることだと胸を張って言うことができます。

POINT

実現可能な目標を設定し、まずはそれを達成する

小さな成功体験を重ね、自信を手に入れることが目標を達成するための第一歩です。

どんなことでもかまいません。実現可能な目標を設定し、まずはそれを達成するところから始めましょう。

勉強でも同様です。「今日はここまでできた」「試験でここまで点数が上がった」といった小さな進歩を意識して、それをモチベーションにつなげていきましょう。

65 ファースト・ムーバー・アドバンテージを利用する

「今までそのような人はいないからダメだ」

周囲からこんな助言をもらったら、それは逆にチャンスかもしれません。

人と同じことをしていたのでは、競争優位に立つことはできません。**チャンスは「人と違う」ことにある**のです。ビジネスで他者の二番煎じは通用しないことが明らかなように、目標設定でも、今まで誰もやっていないことに挑戦することに意味があります。

いつの時代も、先駆者の多くは、理解されるまで時間を要します。しかし、後になって賞賛されるのは、前人未到の挑戦をした人だけです。

野茂英雄さんがメジャーリーグに挑戦したときも、当時はほとんど前例がありませんでしたから、当初は誰も擁護してくれませんでした。しかし今となっては、たくさんの野球選手がメジャーに挑戦しています。野茂選手がいたからこそ、後の日本人のメジャーリーガーが成功したのだと思います。

テニスでも松岡修造さんの実家は東宝の創業者一族で、テニスで世界挑戦をするならば勘当だったと聞いています。しかし、松岡修造さんのウインブルドンベスト8という世界での挑戦があったからこそ道が開かれ、今の錦織圭選手の活躍があるのです。

私のMBA挑戦も、私なりの挑戦のひとつです。それは、医師として大学病院で業務を続けながらMBAを取得し、病院経営に貢献する医師は日本にはまだほとんどいないからです。経営感覚のある医師が必要だと感じた私は、**誰かがやるのを待つのではなく、自分でやろう**と思ったのです。

まだ経験が足りないと尻込みしている人を見かけます。しかし、そんな人ほど挑戦する必要があります。それは、挑戦し、成功体験を積むことが成長への近道だからです。「失敗したら恥ずかしい」と計画の公表を躊躇してはいけません。臆病になったり、周囲の目を気にしたりしていては、行動できなくなるからです。

失敗を恐れず、立ち向かっていく勇気を持つためには、挑戦を積み重ねるしかありません。挫折を経験しても、そこから立ち上がることで、最終的には成功に結びつけるという気概が必要です。

できないことにチャレンジするからこそできることが増えますし、チャレンジするという環境が人を成長させます。前例がないからあきらめるのではなく、そこにチャンスがあると信じて、自分の目標に向かって進んでいくことが大切です。

誰もやっていないことがあれば、ぜひ挑戦するべきです。なぜなら、第一人者は、いろいろな面でアドバンテージを得ることができるからです。

この第一人者が得ることができる優位性を、ファースト・ムーバー・アドバンテージ(First Mover Advantage)といいます。これによって、いろいろな点で競争優位を生み出すことができます。

例えば、銀座にスターバックスを開店させるとしましょう。競合のコーヒーチェーンに先だって進出すれば、先にいい立地を押さえることができます。これを**「資源の先取り」**といいます。

iTunesは、音楽ソフトをデジタルデータでダウンロードして購入するサービスです。あなたがiTunesを愛用していたら、新たに優れた音楽購入サービスができても、そう簡単には変更しないでしょう。この変更に伴うコストを**「スイッチングコスト」**といいます。ファースト・ムーバー・アドバンテージはこのスイッチングコストで優位に立っているわけです。

医療の世界でも、新しい治療法や新薬の開発に挑戦する企業や人は、業界でリーダーシップを構築できるケースが多いです。他にも、インターネット黎明期に孫正義さんが

POINT

前例がないところにこそ、チャンスがある

Ｙａｈｏｏ！のビジネスモデルを導入して日本のイーコマースを独占したように、ファースト・ムーバー・アドバンテージが成功すれば、その業界を独占することができます。

新しいことに挑戦するということは、時間的にも資金的にも努力が必要になってきますが、それにより、このように多くのアドバンテージを手にすることができます。

皆さんの身の回りにも、誰もやっていないことがないか考えてみてください。例えば、会議で議事録を誰も記録していなかったら、議事録をとることに挑戦してみてください。そうすることであなたは、部署の情報を独占できることでしょう。

誰も挑戦していないことに挑戦するには勇気がいります。しかし、そうだからこそファースト・ムーバー・アドバンテージを得ることができるのです。挑戦することに臆病にならず、ぜひチャレンジする意識を忘れないでください。

66 限界を超える経験をする

自分の能力は、限界を超えることによってのみ、限界値を引き上げることができます。**限界を超える経験をすることでしか、自分の作った限界を超えることはできない**のです。

東京大学で研修医をしていたときの経験をお話ししましょう。

私が当時所属していた肝胆膵移植外科では朝6時には採血を始め、手術が終わると深夜0時過ぎ。同科に配属されていた3ヶ月間は、病院でほぼ寝泊まりしていました。

結論からいうと、この数ヶ月のおかげで、以後、多少の仕事では忙しいと感じなくなりました。これは、移植外科での忙しさを経験したことで、体に耐性ができるように、私の限界値が引き上げられたのだと思います。

一度心理的バリアーが取り除かれると、多少のことでは弱音を吐かなくなります。人間は面白いもので、常に過去の経験と比較してしまうものです。その際に自分の限界を超えた経験を一度しておくと、自分の許容量は大きくなります。

勉強でも同じです。もうこれ以上勉強することができないという経験をぜひしてください。困難な状況でも勉強することにチャレンジしてください。そうすることで、あなたの**「できないかも」と思う弱気な気持ちを「私はいつだって達成できる」というマインドセットに書き換える**ことができます。

私もボストンに留学していた3年間はハーバード大学での研究に加えて、MBAの取得という挑戦を通して、努力すればなんでも達成可能ということを確認できました。

難しい状況に直面したとき、その困難に打ち勝てるかは、過去に乗り越えた心理的バリアーの限界値によります。

そんなときは、このような厳しい状況を経験することで、将来同じような状況に直面しても乗り越えることができるようになると信じて、頑張りましょう。そうすれば、問題を困難だと感じなくなります。

POINT
限界を超える経験を一度はしておく

67 合格した自分を想像しながら勉強する

勉強は苦痛を伴う、単調な作業です。特に、資格試験やTOEFLの勉強などはインプットの量が多く、徐々にモチベーションが低下していくこともあるでしょう。

そんなときは、合格した自分の姿を想像しながら勉強しましょう。

この方法が一番モチベーションのアップにつながる勉強法です。MBA受験の際も、私はビジネススクールで格好良くディスカッションをしている姿を想像しながら勉強しました。

このように具体的に良いイメージを浮かべることは、実現する力を秘めています。人間は目標とする自分の姿に近づいていくものです。イメージすらできないという人は、早く見学や体験本を読むなどして具体的なイメージをつかみましょう。

私はどちらかというと行動に移すことが好きですので、まずは、人と会って話を聞いてみたり、実際に見学に行ってみたりします。そうすることで、具体的なイメージングを行い、そこに自分の姿を照らし合わせ、モチベーションを維持しています。

POINT

具体的なイメージがモチベーションを高める

言葉やイメージを具体的に描きましょう。そうすることで、集中力やモチベーションが高まります。

試験勉強がつらくなったときは、合格した自分の姿を想像して勉強しましょう。

68 自分との約束を守る

約束を守る人は、仕事でも勉強でも大きな成果を残すことができます。それは予定の管理が上手だから、勉強も仕事もうまく回すことができ、結果として自分の目標を達成し、大きな成果を残すことができるのです。

①予定を上手に管理する
②勉強や仕事をうまく回す
③目標を達成する
④大きな成果を残す

この良循環を回すためにはまず、「自分の予定を成し遂げれば、大きな成果が手に入る」という成功体験をすることです。また、「やらされ意識」を持たずに「当事者意識」を持つことも重要です。

POINT

「やらされ意識」を捨て、「当事者意識」を持つ

勉強でも、小学生や中学生のときにいやいやながら勉強するのと、大人になってから自分で望んで勉強するのとでは、勉強の吸収力が全く違うと思います。

仕事であれば、自分ならばどうやるか。

勉強であれば、この勉強は自分にとってどのような意味があるか。

このように「当事者意識」を持つようにすれば、成果が上がりやすくなるものです。

69 異なるベンチマークを意識する

大きな成果をあげるためには、いわゆる成績を上げるということ以外にも「協力や貢献」といったベンチマークについても意識すべきです。

日本では、受験勉強や昇進試験など、他人と点数を争うことによって評価されます。センター試験による評価方法は、効率的ではありますが、試験日に何点とれるかという瞬間最大風速しか測ることができません。

一方、アメリカでは、ＧＰＡと呼ばれる学生時代のすべての成績や、リーダーシップやボランティア活動を通した社会貢献が評価の対象とされます。**つまり、人そのものの「資質」を判断して合否を決めるのです。**

この新しいベンチマークは、他人との競争とは無関係です。今後は日本でも、グローバリゼーションの加速とともに、同様の評価方法が適応されるに違いありません。

ただし、このプロセスには手間と時間がかかります。そのため、アメリカの大学にはアドミッションオフィスという専門の部署があるくらいです。この部署はかなりの権限をもっていて、学生の受験資格の認定や合否もここが担当します。

2013年にエグゼクティブMBAを受験した当時、私は32歳でした。エグゼクティブという名のとおり、学生の平均年齢は40歳くらいで、入学には英語力や学歴以外にも、マネジメントやリーダーシップの経験が問われます。

私が問題となったのは、勤務経験でした。受験に際して、10年以上の勤務経験、8年以上のマネジメント経験、そしてリーダーシップ経験が必須条件でした。医師の場合は学生期間が6年間あるので、当時の私の勤務経験は7、8年程度しかありませんでした。

しかしあきらめずにアドミッションオフィスに何度も足を運び、アメリカに留学中の今しかMBAの勉強をすることができないこと、私の将来の目標にとってMBAは必要不可欠であることを繰り返し熱弁しました。さらに8年分に相当するマネジメント経験をかき集め、アドミッションオフィスを説得しました。

幸い、日本で若手眼科医の会（YOUS／Young Ophthalmologist Updating Seminar、参天製薬協賛）を組織した経験や、院内の看護師向けの勉強会、WHOの失明予防プロジェクトに参加していたことをマネジメントやリーダーシップの経験として評価してもらい、受験資格を得ることができました。

この経験は数値化された成績や仕事の業績のみではなく、リーダーシップ経験やボランティアなどの貢献が評価の対象とされていることに気づかせてくれました。

人は時として、目の前の試験勉強や仕事の業績に囚われるあまり、その他の経験を軽視しがちです。成績や業績といったベンチマークも重要であることは確かですが、ときにはそこから目を離し、ボランティアやリーダーシップといった無形資産に注力することで、新しい価値を創造しましょう。

謙虚であり続ける

異なるベンチマークを意識することは、謙虚であり続けることにもつながります。

大学の先輩に医学部でナンバーワンのテニスプレーヤーがいました。医学部の大会で一度も負けた姿を見たことはありませんでしたが、彼は常にテニスに対して謙虚な姿勢でいました。

POINT

成績や業績以外の世界にも目を向け、「お山の大将」にならない

それは、彼は実家がテニスクラブということもあり、プロ選手や体育学部の選手と日頃からプレーしていたため、自分よりも上手な選手をたくさん知っていたからでした。

このように自分の世界だけではなく、より優れたベンチマークを参考にすることで、現状に満足することなく、謙虚でいることができます。**世の中には自分よりも優れている人はいくらでもいる**ということを異なるベンチマークを用いて学び、少しでも向上することを目指す人材になることが大切です。

どれほど良い成果を上げたとしても、決して慢心せずに向上心を常に持ち、より良い結果を目指して努力を継続する謙虚さが、より大きな成長や成果につながります。

70 組織に貢献する

関わった組織に貢献することは、当然の使命です。ハーバード大学で研究している間にも、私は母校の順天堂大学や江戸川学園取手高校に貢献したい気持ちが常にありました。それは、自分に投資してくれた組織に恩返しをしたいと考えたからです。

組織への貢献にもいろいろな方法がありますが、最も直接的なのは、プロとしてのスキルを身につけることです。病院や研究室であれば、手術の最新技術や研究のスキルを習得することが、組織への最大の貢献です。

アメリカでは寄付が当たり前のように行われますが、これも組織への貢献です。私の通っていたボストン大学の経営学部も、2015年に50億ドルの寄付があり、Questromという寄付した人の名前がつきました。

仕事やお金だけが貢献ではありません。**私は1年のうち、1%の時間を後輩や若手に貢献することに決めています。** 1%とは365日でいえば、約3日間です。3日間を、眼科の卒業試験の問題を医学生に解説してあげることや、部活の同窓会の手伝い、高校

POINT

他者への貢献についても具体的な数値目標を設定する

生への講演会などへ充当しています。大切なのは、具体的な数値目標を設定して、コンスタントに貢献し続けることだと思っています。

また、私は２０１４年2月、日本の医療従事者の国際化を支援する一般社団法人Japan Global Medical Career Support（ＪＧＭＳ）を設立しました。ＪＧＭＳの設立は、私の留学時の実体験における苦労にもとづいています。

いざ留学しようと思ったとき、具体的に何をすればいいのか、お金はいくらかかるか、海外生活はどのようなものかなど、分からないことばかりで大変苦労しました。そこでＪＧＭＳでは、留学経験者による講演や交流会を企画するとともに、ホームページで留学体験記や留学情報を提供することで、留学希望者と生きた情報を共有しています。

自分の成長のことばかり考えるのではなく、自分の関わった組織や後輩への貢献にも意識を向けることが、自分をさらに成長させてくれる原動力となります。

71 金銭で成功を定義しない

成功のイメージは人それぞれです。しかし成功者というと、大金持ち、もしくはテレビや雑誌に取り上げられている人を思い浮かべる人が多いのではないでしょうか？
確かに、一般的に成功として思い浮かべるのは、お金や名声、尊敬かもしれません。しかし私は、それらを人生における成功の定義とすることにいささか疑問を感じます。金銭的な成功や地位が、本当に私たちに幸せをもたらすのでしょうか？

私は成功というものは「**ある限られた時間や区切りの中で、自分が有意義と思えることや目標を達成できたかどうか**」と考えています。お金はその単なる手段として活用しているにすぎません。

金銭を追い求めても、本当の意味での成功を見つけることはできません。新しいことを学び、成長を感じることが成功だと思います。

成功の結果、高い収入が得られることもあるでしょう。それは、成功を感じることのできるキャリアは金銭的報酬が高いことが多いからです。しかし反対に、「金銭的報酬

POINT

成功とは、新しいことを学び、成長を感じること

が高いが、成功を感じられない」仕事も中にはあります。私たちは、金銭や名声といったものがもたらす幸せと、本当の意味での成功がもたらす幸せを混同しないように注意しなければいけません。

目標を設定する際には、金銭や名声といったものは副産物にすぎず、本当の成功の定義ではないということを忘れないでおく必要があります。

真の成功は内面から始まります。それは愛する人や家族のサポートなしに得ることはできません。愛する人への感謝の気持ちを疎かにしないようにすることが大切です。

72 失敗してもプラス思考でいる

試験での不合格や仕事でのミスなど、挫折を味わうことは誰にでもあります。その結果、自信をなくし、気持ちが落ち込むこともあるでしょう。

そんななかで、失敗してもめげず、そこから立ち上がり、失敗を打ち消すような業績を残すことのできる人がいます。いったい何が彼らをタフにしているのでしょうか？

それは、発想を転換する力です。

発想の転換をするためのキーワードは、**「レジリエンス（弾力性）」**です。

例えば、「できない」「分からない」「もういやだ」などのネガティブな発想をしていては、良いパフォーマンスを発揮することができないのは明らかです。

そこでレジリエントな人は、「きっとうまくいく」「挑戦しよう」「挽回しよう」などと、ポジティブな言葉に発想を転換することができます。

レジリエントな人には、３つの特徴があります。

ひとつめは、**冷静に厳しい現実を受け止められること。**レジリエントな人は、厳しい現実から目をそらすのではなく、現在の状況を分析し、今できることが何なのかを考えます。このような俯瞰する能力は、何か起きたときに、どのようにして対処するかを常に考える習慣を作ることで身につきます。

例えば、「大事な仕事を失敗してクライアントの信頼を失ってしまったら、どうすればいいか」ということを、仕事を始める前から考えておく習慣をつけましょう。そうすることで、万が一失敗した場合にも、すぐにリカバリーできるようになります。

ふたつめは、**失敗しても被害者にならず、そこに意味を見いだすことができること。**例えば、試験でケアレスミスをしたとします。レジリエントな人は、なんで私がケアレスミスをしてしまったのだろうと嘆くのではなく、今回のミスは良い教訓で、次は同じようなミスをしないようにしようと考えます。

3つめは、**クリエイティブな発想をすること。**例えば、仕事で失敗してクビになってしまったとします。レジリアントな人は、これを「転職への良い機会」ととらえます。

試験勉強でも、仕事でも、失敗することは誰にでもあります。そこで大切なのは、レジリエンスです。マイナス思考からプラス思考へと発想を転換する必要があります。

一度くらい失敗しても、くよくよして時間をムダにするのではなく、そこからまた這い上がるぐらいの気概を持つことが、結果的にたくさんの目標をかなえるうえで必要な考え方です。

追い詰められて開花した、挫折への対処方法

私もビジネススクールでは挫折の連続でした。ディスカッション、記述の試験、プレゼンテーション……いずれも苦難の連続で、時には全く見当違いの発言をしてしまいました。そのたびに周りの雰囲気が変わり、「まずいな……」と冷や汗をかいたものです。

日本で生活していた頃には、このような経験をすることはありませんでした。しかしビジネススクールでは知らないことばかり勉強するうえ、母国語でない英語での意思疎通。思ったことを全く伝えられません。私にとって、人生で一番大きな挫折を感じました。

それでもなんとか挫折を乗り越え、最終的にはＭＢＡを取得できました。

ここでは、このビジネススクールから得た、挫折への対処方法を紹介します。

①悩まない

POINT

失敗しても、プラス思考に転化する

一度や二度の失敗でくよくよしないことです。私がプレゼンで失敗しても、世界に対して何の影響もありません。失敗を危惧して足踏みするよりも、新しいことにひとつでも多く挑戦したほうが大きな成果を残せるに決まっています。

②過去よりも未来に集中する

私は常に未来に向けて努力していきます。失敗や挫折はサンクコストにすぎません。今さら悔やんでも仕方ないと決め、今の時点から未来の目標に向けてできることに、自分の時間を投資していきましょう。

③挫折から学ぶ

ビジネススクールでは挫折を客観的に観察し、そこから学ぶべきということを教わりました。誰にでも失敗はあります。そこでへこたれずにその挫折から学び、他にどのような方法があったか、改善できる点はなかったかと検証することが大切です。

SUMMARY 6

64 成功体験でモチベーションを保つ

65 ファースト・ムーバー・アドバンテージを利用する

66 限界を超える経験をする

67 合格した自分を想像しながら勉強する

68 自分との約束を守る

69 異なるベンチマークを意識する

70 組織に貢献する

71 金銭で成功を定義しない

72 失敗してもプラス思考でいる

I N T E R V I E W 4

世界に挑戦する人へのインタビュー4

ラーメン店「Yume Wo Katare」経営者

西岡津世志氏

アメリカの東海岸のボストンでは、ラーメンブームが真っ盛りです。そんなボストンに一風変わったラーメン店があることをご存じでしょうか？

しかも、このお店ではセルフブレインストーミングの場を提供しているのです。

ハーバード大学のそばのポータースクエアという駅にある「Yume Wo Katare（夢を語れ）」では、毎週月曜日と木曜日に「YumeLab」を開催しています。それ以外にも、ラーメンを食べた後には、みんなに自分の夢を紹介し、自分の目標を再認識できる場を提供しています。私も週に1回Yume Wo Katareにラーメンを食べにいき、夢をシェアしていました。

なぜ、このようなことをしているのか、Yume Wo Katareの経営者の西岡津世志さんにインタビューをしてみました。

――なぜ、店の名前をYume Wo Katareにしたのでしょうか？

「2006年に京都大学の近くで『ラーメン荘　夢を語れ』をオープンしました。『夢を語れ』という名前は、大学の学生に、常に夢に挑戦し続けてほしいという思いから名づけました。学生は、21歳になると急に夢を失います。それは就職活動が始まるからです。就職活動のために自己分析し、自分に一番見合う就職先は何かと考え始めます。本当にやりたいことを探していたはずが、一番やりたいことをあきらめる理由を探しはじめるのです。そんな21歳の学生に夢に挑戦し続けてほしかったからYume Wo Katareと名づけました」

――西岡さんの夢や目標について教えてください。

「2030年までに世界195ヶ国のすべての国に夢を語ることのできる仲間を創出することです。幸せは夢や目標の大小ではなく、かなえた夢や、達成できた目標の数と考えています。そして夢や目標への挑戦を継続させるためには、好きなことをやる人生が一番であり、その人の価値を最大限に引き出す方法でもあると思います。そのために、夢を自ら語ることができる場を世界中に提供し、仲間を増やしたいと思います」

――ボストンに進出した理由を教えてください。

「ボストンへの進出理由は、世界中からリーダーや、リーダーを目指している若者が集まる街だからです。そんな若者に『夢に挑戦し続けること』『夢を語ること』の重要性を実感してもらうことで世界が変わると思うからです。本当のところは、海外進出は前もって決めていて、２００９年にボストンに来たときに体が反応したからです。鳥肌が止まらなかったんです」

――ボストンの夢や目標に挑戦する土壌に、体が反応してしまったのかもしれませんね。私もボストンに来ることで、挑戦することが恐くなくなりました。この地のハーバード大学やMITから醸成される挑戦やイノベーションに対する敷居の低さというか、当たり前さを常に肌で感じます。

さて、月曜日のYumeLabではどのようなことをしているのでしょうか？

「YumeLabでは夢をかなえたいと思う仲間が集まる場を提供しています。夢のかなえ方は人それぞれですが、夢をかなえたいと思う仲間が集まって、夢について考えること自体が、夢をかなえる近道だと思います。具体的には、はじめに１人１分程度でYumeLabに来た目的をシェアします。その後、YumeLabスタッフが各参加者に合ったワークシートを選び、30分程度で記入してもらっています。ワークシートは目標や夢をひたすら書いて柔軟性を上げるもの、自分の価値を考えるもの、プロジェクト計画シート、１年間カレンダー、１ヶ月カレンダー、１週間ルーティン表、プロジェクト振り返り表などを使っています。記入が終わったら目標や夢をシェアし、お互いに質問し合います。月曜日は英語、木曜日は日本語で行っています」

――ブレインストーミングによる夢や目標の洗い出しを行い、皆に発表し、互いの夢に向かってどのようにアプローチしていくか、アドバイスを出し合っているわけですね。

「そうです。なかには、はじめはなかなかワークシートを埋められなかったり、アイデアが出なかったりする人がいますが、個人のセッションでそれを紐解いてあげるようにしています。目標が明確な人にも、目標が曖昧な人にも有意義な時間を共有してもらえると思います」

Yume Wo Katareは、ただのラーメン屋ではなく、夢をかなえるための場としてボストンの街に認知されてきています。海外の学生は積極的に自分の夢を皆にシェアします。お店の壁にある額にはそんな学生の夢や目標が所狭しと並んでいます。もちろん私もボストンを離れる際に額に夢を書いてきました。

夢や目標は、自分一人で挑むよりも、仲間とともに影響し合うことで実現性が高まります。皆さんは最後に友人と夢を語り合ったのはいつでしょうか？

今回のインタビューから分かったこと。それは夢や目標は人と共有し、挑戦し続けるものだということです。

INTERVIEW 4

西岡津世志氏 略歴

1979年滋賀県近江八幡市出身。高校卒業後、東京で芸人活動を始め、吉本興行の舞台を中心に活動。2002年、ラーメン二郎に転職。2003年に西新井大師店の店長に抜擢。2年で行列店とする。2006年10月に独立し、京都で「ラーメン荘　夢を語れ」創業。2011年10月までに京都、大阪、東京、兵庫に6店舗出店。2012年10月よりボストンにて「Yume Wo Katare」創業。2013年10月BBT大学入学。

謝辞とあとがき

私がハーバード留学＋ＭＢＡ進学という夢のような目標を達成できたのは、このような機会を与えてくださった順天堂大学眼科学教室の村上晶教授、ハーバード大学のReza Dana教授のおかげです。特にやりたいことにはすべて挑戦してほしいという村上晶教授のお考えがあってはじめて今の私が形成されたといっても過言ではありません。この場をもって深く御礼申し上げます。

かねてからの私の目標のひとつに、30代のうちに自分のこれまで経験してきたことや、考えてきたことを形にしておきたいということがありました。しかし、本を書くということは、時として売名行為とか自信過剰という見方をされることもあり、出版には逡巡しました。さらにいえば、医師として、医業、研究、教育に専念することが私の本業であり、本を書くことに時間を費やすべきではないと言われるかもしれません。

しかし、「Dream big and be willing to take some risk」という言葉をビジネススクールのマーケティングの教授からいただいたとき、私自身はそれでいいのかと自問自答しました。

なぜなら、私は研修医の頃から読書に目覚め、たくさんの本を読むことで、著者が長年蓄積してきた知識や情熱を受け取ることができたからです。ハーバード大学やビジネススクールで国際的な仲間と学び、世界への貢献を意識するなかで、私も勇気を持って皆さんの触媒《カタリスト》になろうと決めました。

私がアメリカで学んだことを日本の人たちに伝えたいと考えるのは当然のことです。そして、この学び、伝えていくという精神こそがこの本を生み出すもとになりました。

米国滞在中の執筆、研究、MBAの両立を支えてくれた両親と妻の明恵には精神的にも、物理的にも大変支えてもらいました。どんなに感謝をしても感謝しきれません。

人と人のつながりは、新しい世界を広げてくれます。本書も友人の柳内啓司さんにディスカヴァー・トゥエンティワンの千葉正幸さんをご紹介いただいたことから、こうして1冊の本を書き上げることができました。

人と人のつながりは、アナログとデジタルを組み合わせた新しい時代に突入しています。世界との距離はより近くなり、ウェブを介して世界中の人とネットワーキングできるようになった一方で、Face to Faceでしか共有することができない、「熱意」といったものの存在を感じざるを得ません。

足がかりは、ウェブを介してでもいいかもしれません。しかし、最終的に一度同じ空気を共有することで、本当の信頼関係が生み出されるのではないでしょうか。

ボストンでの刺激的な生活は、これまでの人生で経験したことのない充実感を私に与えてくれました。私の人生とキャリアを形づくるうえで、このうえなく重要な時期であったと思います。

世界に挑戦し、同時に大きな目標を達成するためには、目の前の短期的な目標に集中しつつも、一歩ずつ、大局的な展望や究極的な目標を見失わないようにしなければなりません。

仕事や勉強、キャリアに明確な目標を設定し、それぞれの努力が全体的な相乗効果を生み出すように取り組んでこそ、人生を豊かにすることができるのです。

本書があなたのさらなる目標を達成し、新たな世界への挑戦を促す一助となれば幸いです。

雪の深々と降るボストンにて

猪俣武範

目標を次々に達成する人の**最強の勉強法**

発行日　2016年2月10日　第1刷
2016年2月25日　第2刷

Author　猪俣武範

Book Designer　水戸部功

Publication　株式会社ディスカヴァー・トゥエンティワン
〒102-0093　東京都千代田区平河町2-16-1 平河町森タワー11F
TEL　03-3237-8321（代表）
FAX　03-3237-8323
http://www.d21.co.jp

Publisher　干場弓子
Editor　千葉正幸

Marketing Group
Staff　小田孝文　中澤泰宏　片平美恵子　吉澤道子　井筒浩
小関勝則　千葉潤子　飯田智樹　佐藤昌幸　谷口奈緒美
山中麻吏　西川なつか　古矢薫　米山健一　原大士　郭迪
松原史与志　蛯原昇　安永智洋　鍋田匠伴　榊原僚　佐竹祐哉
廣内悠理　安達情未　伊東佑真　梅本翔太　奥田千晶
田中姫菜　橋本莉奈　川島理　倉田華　牧野類　渡辺基志

Assistant Staff　俵敬子　町田加奈子　丸山香織　小林里美　井澤徳子
藤井多穂子　藤井かおり　葛目美枝子　竹内恵子
清水有基栄　川井栄子　伊藤香　阿部薫　常徳すみ
イエン・サムハマ　南かれん　鈴木洋子　松下史

Operation Group
Staff　松尾幸政　田中亜紀　中村郁子　福永友紀　山﨑あゆみ　杉田彰子

Productive Group
Staff　藤田浩芳　原典宏　林秀樹　三谷祐一　石橋和佳
大山聡子　大竹朝子　堀部直人　井上慎平　林拓馬
塔下太朗　松石悠　木下智尋　鄧佩妍　李瑋玲

Proofreader　鷗来堂
DTP+図版作成　荒井雅美（トモエキコウ）
Printing　株式会社厚徳社

ISBN978-4-7993-1836-2